식물과 피규어로
꾸미는
화분 속 작은 정원

나의
첫
미니어처
정원

Gardening in Miniature
Copyright ⓒ 2015 by Janit Calvo

No part of this book may be used or reproduced in any manner whatever without written permission except in the case of brief quotations embodied in critical articles or reviews.
Korean Translation Copy ⓒ 2016 by Hans Media
Korean edition is published by arrangement with Timber Press through BC Agency, Seoul.

이 책의 한국어판 저작권은 BC 에이전시를 통한 저작권자와의 독점 계약으로 한스미디어에 있습니다. 저작권법에 의해 한국 내에서 보호를 받는 저작물이므로 무단 전재와 무단 복제를 금합니다.

일러두기

1. 본문에서 사용하는 무게, 넓이, 길이의 단위가 국내에서는 잘 사용하지 않는 단위임을 양해해주세요. ( ) 안에 국내 상용 단위를 표기하였습니다. 247쪽 단위 환산표도 참고해주세요.

2. 본문에서 언급하는 식물 중 국내 유통명과 다르게 표기되어 있거나 유통되지 않는 것들이 있습니다. 국내에 유통되지 않는 식물의 경우는 원예/화훼 업체에 문의하셔서 비슷한 특성을 가진 식물을 안내받아 식재하시길 권합니다.

식물과 피규어로 꾸미는
화분 속 작은 정원

나의 첫
미니어처 정원

재닛 칼보 지음
엄성수 옮김

차례

006
서문

008

020

040

066

084

108

138

172

220

246
추천 도서들

247
단위 환산표

248
감사의 글

250
사진 저작권

시작
작은 정원 안으로
멋진 일들이 들어온다

미니어처 세상
작은 정원을 가꾸자

축소된 디자인 원칙들
정원 가꾸기 원칙들도 축소하라

파티오와 오솔길
미니어처 정원 안을
거닐어보자

**미니어처 정원에
적절한 식물들**
이것은 조그만 세계이다

정원 돌보기
정원은 당신을 필요로 하고
당신은 정원을 필요로 하고

미니어처 정원 액세서리들
개성 추가하기

미니어처 정원 프로젝트들
자, 이제 직접 마술을 부려보자

미니어처 정원 관리
당신의 포크를 갈퀴로

서문

그간 나는 많은 사람들이 자신이 만든 첫 미니어처 정원을 보며 너무 좋아 깡충깡충 뛰고 손뼉을 치며 환호성을 지르는 걸 봐왔다. 어떤 사람들은 내게 자신의 첫 미니어처 정원에 대한 장문의 이메일을 보내왔고, 나 때문에 너무도 중독성 강한 일을 시작하게 됐다며 원망도 했으며(물론 농담으로), 심지어 너무도 매력적인 취미를 갖게 해줘서 고맙다며 직접 전화를 걸어온 사람들도 있었다. 그럴 때면 그들에게 미니어처 정원 가꾸는 일이 그렇게 재미있지 않다면 내가 왜 이 일을 하고 있겠냐고 말하곤 한다.

지난 몇 년간 미니어처 정원 가꾸기는 점점 인기를 끌어왔으며, 이제는 전 세계적인 취미 활동이 되었다. 물론 아직도 미니어처 정원 가꾸는 일이 진짜 정원 가꾸는 걸 좋아하는 사람들에겐 어울리지 않는 아이들 장난 같은 일이라고 생각하는 사람들도 있다. 그러나 그들도 아마 이 책을 읽고 나면 생각이 바뀔 것이다. 적절한 비율과 스케일, 정원 디자인에 필요한 요소들, 지속적인 관리 등등, 고려해야 하는 일이 한두 가지가 아니고, 미니어처 정원 가꾸는 일이 실제 정원 가꾸는 일 못지않게 힘든 일이라는 걸 알게 될 테니 말이다.

나는 토론토에서 태어나 자란 출판업자의 딸로, 성장 과정에서 자연스럽게 수집품 취미 분야를 접하게 됐다. 집 안에 인쇄기가 있어 이런저런 수집품(그중 몇 가지만 꼽자면 동전, 하키 선수들의 사진이 담긴 카드, 로열 덜튼 조각상 등) 취미와 관련된 카탈로그를 찍어댔다. 그래서 나는 자연스레 미니어처 정원 가꾸기라는 이 취미에 대한 정보도 모으고 싶다는 생각을 했다. 그러나 미니어처 정원 분야가 아직 더 연구하고 발전시켜야 할 부분이 많고, 결국 내 스스로 더 많이, 아주 더 많이 파고들어야 한다는 사실을 알게 됐다. 그런데 아무리 둘러봐도 지금 이 책과 같은 정보를 담은 책은 없었고, 미니어처 정원에 대해 구체적인 경험과 지식이 있는 전문가들 역시 없었다. 그래서 나는 알게 됐다. 이 책을 써야 할 사람은 바로 나라는 걸 말이다.

나는 20년 이상 미국과 캐나다를 비롯한 전 세계에 미니어처 정원 가꾸기라는 이 취미를 알리기 위해 전력투구해왔는데, 그 과정에서 얻은 모든 정보를 지금 여기서 여러분과 나누려 한다. 내 미니어처 정원들 중 일부는 나와 함께 살아온 세월이 9년도 더 되는데 아직까지도 쌩쌩하다. 미니어처 정원이 얼마나 오래 얼마나 잘 유지될 수 있는지를 말해주는 산 증거들인 셈이다. 그리고 많은 내 고객들과 사랑하는 내 동료 미니어처 정원사들도 9년 넘게 나와 함께해오고 있는데, 그들 역시 미니어처 정원 가꾸기라는 이 취미의 깊이와 넓이를 잘 알고 있는 증인들이다.

내가 이 책을 쓰면서 즐거웠듯이, 여러분 또한 이 책을 읽으면서 즐거우리라 생각한다. 도입부에서 여러분은 본격적인 미니어처 정원 가꾸기에 들어가기에 앞서 이 즐거운 취미 생활의 여러 측면들을 개괄하면서 워밍업을 하게 될 것이다. 그 다음에는 미니어처 정원 가꾸기의 기본과 무형·유형의 관련 요소들을 살펴보게 되며, 곧이어 미니어처 정원의 스케일과 관련된 장이 나올 것이다. 그 뒤에는 대부분의 미니어처 정원에 꼭 들어가는 작은 파티오와 오솔길 얘기가 나온다. 그 다음에는 미니어처 식물들의 나라를 잠깐 돌아보게 되는데, 거기에서 그 식물들의 성장 습관, 특정 식물들을 가장 잘 활용하는 방법, 추천 식물들에 대한 간단한 소개 등이 다뤄진다. 물론 여기서 추천하는 식물들은 빙산의 일각일 뿐이다. 우리가 활용할 수 있는 미니어처 식물의 수는 이 책을 쓰고 있는 지금도 계속 기하급수적으로 늘고 있으니까. 그리고 나면 흙과 빛, 물주기 등 기본적인 지식들이 들어 있는 장이 나오는데, 정원 가꾸기를 처음 해보는 사람들에게 특히 도움이 될 것이다. 그 뒤에는 정원 액세서리들에 대한 장이 나오는데, 여기에서는 미니어처 정원에 개성과 현실감을 부여하는 팁들이 제시될 것이다. 그 다음은 정말 재미있는 장으로, 여기서 여러분은 직접 해보는 크고 작은 초급 프로젝트들을 통해 내가 어떻게 생명력이 긴 미니어처 정원을 만드는지를 보게 될 것이다. 거기에서 호수와 강바닥과 연못을 만나게 될 것이고, 또 손으로 만들 수 있는 정원 액세서리 아이디어들도 접하게 될 것이다. 그리고 미니어처 정원을 건강하게 잘 유지하는 아주 중요한 방법들을 배우면서 이 책을 마무리하게 될 것이다. 그 뒤에 나는 더 많은 걸 알고 싶어 하는 사람들을 위해 추가로 읽으면 좋을 만한 책들도 소개해놓았다.

미니어처 작품들은 웅장하고 멋진 이야기들을 술술 풀어내면서 온갖 상상력으로 차고 넘치던 어린 시절로 우리를 데려간다. 미니어처 정원은 아름다운 것들을, 그리고 또 우리가 돌보고 키워야 할 사랑스런 산 생명들을 가져다준다. 뭔가 마법 같은 것을 만들어내고, 그러면서도 당신으로 하여금 몇 년이고 딴전 부리지 못하게 할 만큼 도전적이기도 하다. 당신은 미니어처 정원을 오후 한나절 만에 뚝딱 만들 수도 있고, 당신 자신이 세운 목표를 달성하기 위해 여러 단계에 걸쳐 차근차근 만들 수도 있다. 옳거나 그른 방법은 없으며, 당신 자신만의 방법이 있을 뿐이다. 그리고 무엇보다 미니어처 정원은 계속 키워나가야 할 당신의 세상이다. 그러니 이걸 잊지 말라. 무엇을 하든 즐거운 마음으로 하라.

시작

작은 정원 안으로
멋진 일들이 들어온다

실물 크기보다 작게 만든 것들은 대체 왜 사람의 마음과 눈을 사로잡을까? 아마 그건 어떤 미니어처든 어린 시절의 놀이를 생각나게 해주기 때문일 것이다. 어쨌든 어린 시절 갖고 놀던 장난감은 우리가 접한 첫 미니어처였다. 그것이 레고Lego든 바비 인형이든 아니면 다른 그 어떤 인형이든, 우리 장난감들은 늘 우리 자신 내지는 우리 삶의 다른 부분들의 미니 버전이었다. 그러니까 우리는 그런 장난감들을 갖고 놀면서 세상의 미니 버전 속에 푹 빠져 지냈던 것이다. 우리는 그런 걸 얼마나 좋아했던가. 그렇게 깔깔거리며 재밌게 놀던 때의 그 감정은 어린 시절은 물론 지금도 우리의 행복에 꼭 필요한 감정이며, 우리가 미니어처 작품을 보며 근심걱정 없이 놀던 어린 시절을 떠올릴 때, 다시금 즐거웠던 그 시절의 그 기분을 느끼게 되는 것이다.

실물 크기의 다리를 건널 것인가, 아니면 감탄에 찬 눈으로 미니어처 다리를 지켜볼 것인가?
때론 환상이 더 매혹적일 수도 있다.

미니어처 세계가 우리를 사로잡는 경이감은 아주 강력할 수 있다. 당신이 만일 작가나 영화감독이라면 이야기를 만들고 장면을 설정하고 소품들을 배치해, 취미라는 이름 아래 성인이 된 이후의 당신 삶에 어린 시절의 그 순수한 기쁨을 불러올 수도 있을 것이다. 그러나 현실적으로 취미는 우리에게 다시 어린 시절처럼 놀 수 있는 기회를 제공해줄 뿐이다.

많은 미니어처 전문가들이 작은 것들에 매료되는데, 그것은 미니어처 자체가 우리 역사의 일부이기 때문이다. 인간이 만든 가장 오래된 예술 작품은 여성의 몸을 본뜬 아주 작은 조각품으로, 기원전 3만 5천 년에서 4만 년 사이에 만들어진 것으로 알려진 독일 남부 홀레 펠스 계곡에서 발견된 비너스상이다. 이 작은 조각상은 그 높이가 6.3센티미터도 채 안 된다. 인형의 집 미니어처 주제들은 종종 우리의 어린 시절, 우리가 과거에 방문했던 곳, 역사상 특정 시기에 사랑받았던 것 등에 대한 추억을 담은 것인 경우가 많다. 여기서 주목할 만한 사실은 인형의 집 미니어처나 모형 철로 등의 주요 테마는 역사적인 것들로, 우리로 하여금 모든 게 지금보다 단순했던 시대를 기억하게 해준다는 것이다. 그리고 우리는 모형 철로나 정원 내 철로를 따라 역사적으로 실제했거나 만든 사람의 상상력 속에서 나온 특정 풍경 속으로 여행을 떠나게 된다. 열차를 타고 실제 어떤 풍경 속을 달리고 있다는 상상을 하지 않을 수 없는 것이다.

미니어처 작품에 대한 우리의 이 같은 열정은 우리 삶의 다른 측면들에도 그대로 적용된다. 미니어처 크기의 살아 있는 말이나 개가 인기를 끈 건 오래 전부터의 일이며, 지금은 미니어처 소나 염소도 구할 수 있다. 불과 몇 년 전에는 찻잔 속에 들어갈 정도로 작은 돼지들이 유행한 적도 있었다. 그런데 알고 보니 그 돼지들은 그저 너무 어린 새끼 돼지들이었는데, 그걸 미니어처 종이라고 속여 팔았던 것이다. 판타지 게임에는 사람들이 흔히 수집하는 캐릭터들의 미니어처 버전들이 잔뜩 등장한다. 원예업계 역시 그간 이런 추세에 발맞추어, 씨를 뿌리기만 하면 잘 자라는 작은 채소 품종들을 개발해왔다. 또한 지난 수십 년간 사람들이 좋아하는 나무와 관목 그리고 다년생 식물의 미니어처 버전들이 계속 개발되어, 지금은 대부분의 화원에서 그런 미니어처 식물들을 찾을 수 있다.

오른쪽 사진 속
처녀가 손에 들고
있는 꽃들이 앞에
있는 실제 미니어처
데이지들과 흡사하다

당신의 정원 한편에
애완동물이 쉴
공간도 마련해주자.

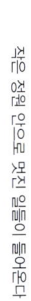

작은 정원 안으로 멋진 일들이 들어온다

왼쪽.
이 매혹적인 오아시스는
잠시 쉬었다 가라고
사람들을 유혹한다.

오른쪽.
풍경 속에 자리 잡은 숲속
동물이 시선을 끈다.

일단 관심의 불꽃이 팍 켜지면, 그 다음엔 머릿속에 있는 환상을 어떻게 완벽히 구현할 것인가 하는 문제에 맞닥뜨리게 된다. 어떻게 큰 정원을 줄여 흠잡을 데 없는 정원을 만들 것인가, 어떻게 적절한 재료들을 구하고 활용할 것인가, 우리의 눈을 즐겁게 해줄 기법들을 어떻게 마스터할 것인가 하는 문제들 말이다. 그리고 그 모든 노력의 결과로 우리의 얼굴에는 웃음꽃이 활짝 피게 되고, 아름답게 만들어진 미니어처 정원에 마법의 기운이 빗물처럼 구석구석 스며드는 걸 경험하게 된다.

미니어처 가든의 모습은 워낙 매혹적이어서, 자신도 모르는 새에 어떤 이야기를 만들어내게 된다. 속으로 이런 질문들을 하게 되는 것이다. '여기선 지금 무슨 일이 일어나고 있는 걸까? 저 의자들에는 대체 누가 앉게 될까? 저 앙증맞은 식탁 세팅은 무슨 파티를 위한 거지? 친구나 가족들도 오나? 대체 무슨 행사가 열리는 걸까?' 그리고 소품들이 단서가 되고 현장 분위기를 전해주면서, 그 모든 의문에 대한 답들이 절로 나오기 시작한다. 미니어처 정원 사진 같은 걸 보면, 등받이 없는 조그만 의자가 있고 그 옆에 물뿌리개가 놓여 있기도 한데, 등장인물이 없는 풍경이다 보니 그 의자가 그야말로 당신을 위한 의자가 아닌가 하는 생각이 들게 된다.

왼쪽.
미니어처 화분에 조그맣게 잘라낸
돌나물을 심게 되면 그 안에서
뿌리를 내리게 된다.

오른쪽.
따뜻한 불을 쬐기에 아늑한 장소.
맛있는 간식 어디 없나?

정원을 가꾸는 일은 인간이 지닌 집단 정신의 일부로, 단순히 미니어처 작업에 매료되는 차원을 훨씬 뛰어넘는 일이다. 미니어처 작업에 대한 관심과 집단 정신을 잘 조화시켜, 살아 있는 나무들과 관목, 화단용 화초, 인공 폭포나 분수, 가구, 정원 예술품 등을 이용해 미니어처 정원을 만들어보라. 그러면 꿈같은 풍경들과 동화 속 나라들, 그리고 우리의 과거나 상상 속에서나 존재하던 매혹적인 장소들이 현실 세계에 나타나게 될 가능성이 무한정 커진다.

일단 미니어처 가든 만드는 일에 취미를 붙이게 되면, 거기에서 헤어나올 수 없게 된다. 앞서 말한 가능성이 당신 머릿속에서 밤낮 매시간 커지기 시작하며, 그 과정에서 가끔 너무 기분이 좋아 탄성을 내지르는 순간도 있을 것이다. (상관없다. 탄성이 터져 나올 땐 그냥 내버려둬라.) 혹 과거 유럽에서 본 어떤 아름다운 정원에 대한 기억을 되살려보고 싶다는 꿈이 있는가? 아니면 어린 시절 할머니 집 농장에서 자랄 때 찍은 사진 속 그 아름다운 정원에 대한 기억을? 당신은 늘 자신만의 정원 오아시스를 갖고 싶을 텐데, 불행히도 아파트에 살고 있나? 걱정 말라. 이제 다시 꿈을 꾸고 그걸 현실화할 때가 되었다.

위.
복잡한 풍경은 당신을 사로잡고 당신의 관심을 끈다.

아래.
이 작은 정원의 아름다움은 실제 크기의 정원에 뒤지지 않는다.

오른쪽.
자연의 보물들은 기대하지 않은 곳에서 즐거움을 준다.

실물 크기의 뒤뜰 통로일까?
아니면 아주 작은 정원 길일까?

예리한 눈에 잡힌 엉뚱한 발견

미니어처 세상

작은 정원을 가꾸자

미니어처 정원은 더없이 은밀하고 창조적인 공간 안에서 공예와 원예가 서로 교차하는 최적의 지점으로, 그 어떤 취미보다 더 당신의 상상력을 자극한다. 무엇보다 좋은 점은 어느 날 오후 주방 식탁에 앉아서 당신이 꿈꾸던 정원을 현실 속에 옮겨 놓을 수 있다는 것이다. 또 등골 빠지게 일하거나 돈을 펑펑 쓰지 않고도 꽃나무를 심고 기르고 만들어낼 수 있으니 얼마나 좋은 취미인가!

컴컴한 정원 출입구는
호기심을 더해준다.
저기엔 누가 살고 있을까?
출입구 반대편에는
무엇이 있을까?

미니어처 정원은 그 형태가 아주 다양해서 작은 화분 속에 작은 식물이 심어져 있어도 '미니어처 정원'이라 할 수 있다. 테라리움(밀폐된 유리그릇이나 유리병 안에 작은 식물을 재배하는 방법), 분재, 접시 원예, 창틀 원예 등이 모두 그 작은 크기 때문에 미니어처 정원 범주에 들어간다. 수집가나 식물 애호가들이나 즐기는 일이지만, 예를 들어 아프리카제비꽃을 수집해 창틀에 늘어놓는 것도 미니어처 원예에 속한다. 그런데 창틀에 조그만 화분 식물을 올려놓고 그 옆에 미니어처 의자와 조그만 물뿌리개를 놓아보라. 그러면 홀연 어떤 이야기가 떠오를 텐데, 그 이야기는 아마 네 살 먹은 아이부터 아흔 살 먹은 노인에 이르는 모든 사람이 이해할 수 있을 것이다. 테라리움 안에 미니어처 정원 벤치를 집어넣고, 그 벤치 밑에 아주 작은 자갈들을 깔아 즉석 파티오를 만들어보라. 그러면 미니어처 정원 테라리움이 탄생하는 것이다. 그렇게 간단한 일일 수도 있다. 그러나 미니어처 정원은 꼭 테라리움이나 분재나 접시 원예일 필요는 없으며, 크고 작은 식물 등 한결 더 복잡한 층과 더 많은 가능성을 갖고 있을 수도 있다.

미니어처 정원은 살아 숨 쉬는 나무와 식물들은 물론 파티오와 오솔길, 정원 가구 등도 있어 실제 크기의 정원 같은 현실감이 있다. 단지 모든 것이 크기만 훨씬 작을 뿐이다. 정원의 크기는 직경 5센티미터밖에 안 되는 조그만 항아리 안에 들어갈 수도 있고, 길이 6미터에 너비 2미터 정도 되는 주차장 만할 수도 있다. 미니어처 정원 가꾸기는 당신 자신의 세상을 만드는 일이고, 그래서 당신이 원하는 만큼 크게 만들 수도 작게 만들 수도 있는 것이다.

미니어처 정원에 넣고 싶은 것들을 쭉 나열하다보면, 선택의 폭이 한없이 늘어나는 걸 보게 될 것이다. 선택 가능한 나무와 식물, 화분, 테마, 액세서리 등의 수가 점점 늘어나, 그것들을 살 생각만으로도 다소 주눅이 들 수도 있다. 그럴 땐 잠시 멈추고 실물 크기의 정원을 생각해보라. 자신이 만들고자 하는 그 정원의 처음 모습이 떠오를 것이다. 그걸 그대로 축소하기만 하면 된다. 실제 정원 가꾸기에 필요한 원칙들 대부분이 미니어처 정원 가꾸기에도 그대로 적용된다. 다만 기본적인 미적 원칙들을 약간씩 변경해야 하고, 설계자로서 또 발명가로서 어떻게 색다르게 접근할 것인지에 대한 생각도 좀 바꿔야 하는데, 당신이 예상도 못할 독특한 당신만의 '세계 속 세계'를 만드는 방법은 내가 하나하나 알려주겠다.

단 몇 분이면 용기 안에 조그만 정원이 탄생된다.

당신 자신의 세계를
키우기 시작하라

미니어처 정원 가꾸기를 하다보면 대체 어디서부터 뭘 어떻게 시작해야 좋을지 모를 만큼 창의력의 샘이 콸콸 차고 넘쳐 흐르게 된다. 식물 기르기부터 시작해야 할까 아니면 화분 가꾸기부터 시작해야 할까? 미니어처 정원 가구는 어떻게 해야 하지? 크기는 얼마나 크게 해야 하고? 또 흔히 제일 먼저 갖게 되는 의문 중 하나는 '미니어처 정원을 어디에 놓고 가꿀 것인가'이다. 일단 미니어처 정원을 어디에 만들 것인지를 결정하게 되면, 그 나머지 문제들은 결정하기 쉽다.

그리고 또 당신이 쓸 수 있는 공간에 따라 당신의 미니어처 정원의 크기도 결정될 것이다. 이 취미가 처음이라면, 용기 안에 미니어처 정원을 만드는 것이(실외의 땅에 만드는 것보다) 한결 덜 부담스럽고 돌보기도 더 쉽고 더 빨리 만들고 결과 또한 아주 흡족할 것이다. 미니어처 정원을 용기 안에서 가꾸는 것은 야외의 땅에서 가꾸는 것과는 조금 달라, 당신이 직접 물도 주고 영양분도 주고 돌봐주어야 한다. 야외 미니어처 정원의 경우 식물 뿌리들이 스스로 영양분과 물을 흡수하기 때문에, 결국에는 스스로 자립하게 되고 그래서 대개는 관리하는 데 손도 덜 간다.

위.
분재 화분이
비단 잉어가 뛰노는
미니어처 연못으로 변했다.

아래.
무당벌레는 꼬마 천사가
더할 나위 없이 사랑하는
애완 곤충이다.

혹 미니어처 정원을 현관 옆의 좁고 길다란 화분 속에 만들어 손님들 눈에 금방 띄게 할 생각인가? 크리스마스 연휴나 특별한 집안 행사 때 집을 장식하기에는 더없이 좋은 장소일 것이다. 실물 크기의 앞뜰 정원과 똑같은 모습의 미니어처 정원을 실내에 만들 경우, 사람들이 그걸 보고 얼마나 신기해하며 미소 지을지 상상해보라. 사람들이 쉽게 보고 감상할 수 있게 미니어처 정원을 눈에 잘 띄는 곳에 만든다면, 다른 사람들의 반응도 보고 함께 이런저런 대화를 나눌 수 있는 좋은 계기가 될 것이다. 할로윈데이 때 조그만 호박과 검은 고양이, 조그만 묘비 같은 것들로 미니어처 정원을 장식한다고 상상해보라. 그 자체만으로도 미니어처 정원을 만들 좋은 이유가 될 것이다. 아마 당신의 손님들은 할로윈 파티에 참석하기도 전에 그 앙증맞은 장식들을 보고 함박웃음을 지을 것이다.

실내 미니어처 정원도 그 종류가 아주 천차만별일 수 있다. 미니어처 정원을 사방에서 볼 수 있게 납작한 넓은 그릇 안에 만들어 식탁 위에 올려놓을 경우, 아주 독특한 장식이 될 것이고 또 아주 좋은 대화 소재가 될 것이다. 그 그릇 한가운데에 꽃밭을 만들고 주변을 삥 돌아가며 오솔길을 만들 수도 있고, 반대로 한가운데에 둥근 파티오 공간을 만들고 그 주변을 삥 돌아가며 꽃나무들을 심을 수도 있을 것이다. 이 경우 미니어처 정원 너머로 상대방의 얼굴을 보며 대화를 나눌 수 있게 키가 작은 식물들을 심도록 한다. 회전 선반 위에 그 미니어처 정원 그릇을 올려놓는다면 빙빙 돌려가며 감상하는 즐거움도 맛볼 수 있을 것이다. 거실 창문 앞에 길고 높다란 꽃 상자를 놓고 미니어처 정원을 만드는 것도 화창한 아침을 즐겁게 보내는 방법일 것이다. 옆으로 길다란 식기진열장 위에 작은 몬터레이 사이프러스 나무와 벽돌담 분수, 그리고 카페 식탁들과 의자들이 서 있는 자갈 광장 등을 만들어 앞에서만 감상할 수 있는 이탈리아식 미니어처 정원을 만들 수도 있다. 아니면 조그만 꺾꽂이용 다육 식물과 새장, 울타리 등이 있는 침실 탁자용 미니어처 정원을 만들어, 하루를 시작하거나 끝내는 시간에 당신에게 정겨운 인사를 건네게 해보라.

왼쪽.
미니어처 정원은 깔끔하게 유지하는 것이 어렵지 않다.

오른쪽.
할로윈데이 같은 이벤트는 미니어처 정원 풍경을 재미있게 꾸미기에 더없이 좋은 테마이다.

지상의 제국들

실제 정원 안에 미니어처 정원을 만드는 것도 아주 즐거운 일이긴 하지만, 사전 숙고를 좀 해야 한다. 화분 안에 미니어처 정원을 만들 때는 화분 크기에 따라 자연스레 미니어처 정원의 한도도 정해진다. 그러나 야외의 흙 위에 미니어처 정원을 만들 때는 이미 거기 있는 것들, 그러니까 관목, 울타리, 꽃밭, 통로, 파티오 등을 고려해 작업을 할 수밖에 없다.

흙 위에 건설하는 미니어처 세계에 가장 적합한 장소는 기존 정원의 모서리들, 관목들 사이, 커다란 나무 옆, 눈에 잘 띄지 않는 마당 구석 등이다. 당신이 종종 들러 당신의 조그만 세상을 들여다볼 수 있는 곳에 장소를 정하는 것이 좋다. 예를 들어 관찰력이 뛰어난 손님만이 찾아낼 수 있게, 마당의 끝부분 같은 곳에 만드는 것이다. 그리고는 과연 어떤 손님이 미니어처 정원을 찾아내는지, 또 그러기까지 시간이 얼마나 걸리는지 보는 것도 재미있을 것이다.

흙 위에 만드는 미니어처 정원의 풍경은 실물 크기의 정원 풍경과 똑같은 경우가 많다.

한 용기 안에 두 미니어처
정원을 만들 수도 잇다.

화분 안에 들어 있는 작은 세상

화분 미니어처 정원을 만드는 데 쓸 화분은 당신의 취향, 정원의 테마, 거기에 심을 식물들의 종류, 당신이 사는 곳, 그 화분을 놓아둘 곳, 그리고 화분 미니어처 정원 가꾸기를 해본 당신의 경험 정도 등에 따라 달라진다. 그러나 어디에 살게 되건 그 미니어처 정원은 당신이 원한다면 몇 년이고 계속 당신과 함께 살아가게 될 거라는 점을 잊지 말라. 따라서 화분은 보기에도 좋아야 하지만 내구성도 좋아야 그 속에 든 미니어처 정원과 오래오래 같이 할 수 있다.

당신이 만일 겨울에 아주 추운 지역에 살고 있는데 미니어처 정원을 실외에 만들 생각이라면, 현지 화원을 찾아가 적합한 화분을 추천해달라고 하는 것이 가장 좋다. 화원에서 일하는 사람들은 어떤 화분이 그곳 날씨에 견딜 수 있는지를 잘 알 것이다. 일반적으로는 날씨가 추운 지역일수록 큰 화분을 쓰는 것이 좋다.

크고 작은 용기에서부터 자기와 나무 소재의 용기에 이르기까지, 각 미니어처 정원 스타일에 맞는 용기가 따로 있다.

그리고 화분을 어디에 놓을 것인지에 따라 그에 맞는 화분 받침을 고르게 되는데, 어떤 화분 받침이든 겉에 유약을 바른다 해도 습기를 빨아들이기 마련이다. 아파트 베란다 같은 곳에서 투명한 플라스틱 화분 받침을 쓰는 것은 다소 눈에 거슬릴 수 있다. 그게 싫다면 약간의 이끼 같은 걸로 플라스틱을 가리도록 해보라. 화분에 물을 주고 그 밑으로 나오는 물을 받아야 할 경우, 낮은 스탠드나 받침 액세서리(보통 3개짜리)들 위에 화분을 올려놓고 그 아래쪽 화분 배수구 밑에 화분 받침을 넣어 보이지 않게 하는 수도 있다.

화분의 크기 역시 천차만별이다. 너비와 깊이가 각 10센티미터 정도 되는 화분에 잎이 작은 세덤류를 심고 미니어처 파티오를 만들 경우, 2~3년 정도 쓰다 다른 화분으로 옮겨 분갈이해주면 된다. 그러나 작은 화분일수록 금방 흙이 마르므로, 쉽게 눈에 띄어 수시로 돌볼 수 있는 곳에 두고 관리해야 한다.

미니어처 정원 가꾸기에 널리 쓰이는 화분은 밑에 배수 구멍이 뚫려 있는 약 56센티미터 길이에 30센티미터 깊이의 화분이다. 일부 묘목장에 가서 그런 화분을 만들어달라고 할 수도 있고, 집에 드릴이 있다면 드릴을 이용해 그 화분 밑에 직접 배수구를 뚫을 수도 있다. (드릴은 위험하므로 사용 설명서의 주의 사항을 잘 읽고 써야 한다.) 큰 화분들 같으면 둘로 나눠 서로 완전히 풍경이 다른 미니어처 정원 두 개를 만들 수도 있다. 처음에 식물을 너무 많이 심지만 않는다면, 두 정원 모두 몇 년이고 잘 자랄 것이다.

초심자용 조그만 정원을 만들 거라면, 20~25센티미터 정도 너비에 적어도 20센티미터 정도 깊이의 화분이 적절하다. 거기에 조그만 나무 하나와 착한 화초 두어 개를 심고 규칙적으로 돌보고 물을 주면 몇 년은 족히 살아줄 것이다.

가장 널리 쓰이는 화분 소재들

어떤 화분이든 미니어처 정원에 쓸 수 있지만, 그래도 그 중 분명 상황에 더 잘 맞는 화분이 있다. 화분을 만드는 소재는 아주 다양하다. 미적인 면, 배수 관계, 비용, 식물들과 화분 소재의 어울림 등이 고려 사항이 될 수 있다. 재활용 소재로 만들어 가벼우면서도 비바람 등에 강한 새로운 종류의 화분들도 있다. 더 무거운 돌이나 콘크리트 같은 소재로 만든 것처럼 보이는 화분들도 있다.

각 소재는 다 장단점이 있으니, 그런 점들을 잘 고려해 당신의 상황과 필요에 가장 잘 맞는 화분을 고르도록 하라.

위.
식물들은 파티오 디자인을 돋보이게 해주는 역할도 한다.

아래.
앙증맞은 수영장과 파티오는 미니어처 화분 정원에 자주 들어가는 것들이다.

오른쪽.
테라코타 화분은 인기가 있지만, 흙과 식물 뿌리로부터 물을 빼앗아간다는 걸 잊지 말라.

테라코타

유약을 바르지 않은 점토 화분이나 적갈색 테라코타 화분은 그 어떤 화분보다 자연스럽고 편해보인다. 군데군데 희끗희끗하게 마감을 하면 더 수수해보일 수도 있다. 밝은색 페인트를 칠하면 현대적이거나 토속적인 스타일이 되기도 한다. 비바람을 맞아 이끼라도 끼면 프랑스 전원풍의 화분이 된다. 테라코타 화분은 어떤 모티브를 갖고 있든 선반 위나 계단 아래에 놓아두면 아주 잘 어울린다.

테라코타 화분 안에 만들 미니어처 정원은 유약을 바른 화분 안에 만든 미니어처 정원보다 더 자주 물을 주어야 한다. 테라코타 점토는 통기성이 높아 흙과 식물 뿌리로부터 물을 빨아들이는데, 햇볕이 내리쬐고 바람이 불면 점토에서 그 물이 증발하기 때문이다. 그걸 방지하기 위해 화분을 일부 그늘이 진 곳이나 시원한 곳(동쪽)으로 옮길 수도 있는데, 그럴 경우 당신이 선택한 식물이 햇빛을 덜 받고도 견딜 수 있는 식물이어야 한다.

그러나 만일 당신의 테라코타 정원이 햇빛을 그대로 받는 장소에 놓이게 된다면, 물을 덜 주어도 잘 사는 식물들을 선택해야 한다. 다육 식물이나 돌나물류를 작은 향나무나 무고소나무와 함께 기르면 손이 많이 가지 않는다.

테라코타 화분은 강추위가 몰아치는 지역에도 적합하지 않다. 점토는 수분을 빨아들이는데, 그 수분이 얼어버릴 경우 팽창하면서 화분이 깨져버리기 때문이다.

세라믹

미니어처 정원용으로 쓰기에 그만인 아름다운 색상의 도자기 화분은 아주 많다. 도자기 화분은 점토에 유약을 바른 뒤 그것을 고열에서 구워낸 만드는데, 테라코타처럼 통기성이 높거나 수분을 빨아들이지 않아서 강추위에도 잘 깨지지 않는다. 당신이 만일 겨울에 강추위가 찾아오는 지역에 산다면, 고열에서 구워낸 가장 큰 도자기 화분을 구입해야 오래 쓸 수 있다. 화분이 클수록 얼어 터질 가능성이 줄어든다.

식물들을 유약을 바른 화분에 심을 경우, 유약을 바르지 않은 화분에 심었을 때보다 수분이 천천히 증발한다. 도자기 화분의 이런 특성을 잘 활용하기 위해, 늘 촉촉이 습기를 머금은 흙을 좋아하는 식물들을 고르도록 하라. 예를 들어 난쟁이 앨버타 가문비나무는 그 뿌리가 늘 서늘하면서도 물 머금은 스펀지처럼 촉촉한 흙 속에 있어야 하며, 그래서 만일 흙이 완전히 말라버릴 경우 다시 살려내기가 힘들다.

베트남, 태국, 중국 등지에서 만든 유약 바른 도자기들은 대개 고열에서 구워낸 것들이다. 보다 장식이 화려한 일부 도자기들은 뭔가 독특한 특징이 있지만, 대부분의 도자기 화분은 얼핏 봐서는 어느 나라에서 만들어진 건지 알 수가 없다. 세 나라에서 만들어진 도자기들은 대개 거대한 가마 안에서 대량으로 구워져, 겉에 바른 유약에 부딪히거나 긁힌 자국이 있는 경우가 많다. 그래서 도자기 화분을 살 땐 그런 흠이 없나 잘 살펴보고 골라야 한다. 화분을 사 집에 가져갔다가 뒤늦게 보기 흉한 흠을 발견할 때처럼 짜증나는 일도 없다. 도자기 겉에 바른 유약이 고르지 않은 경우도 있다. 그러므로 도자기 화분을 고를 땐 늘 이런 점들을 유념해야 한다.

왼쪽.
유약을 바른 도자기 화분 안에 만들어진 실내 정원을 조그만 요정이 굽어보고 있다.

오른쪽.
유약을 바른 짙은 파란색 도자기 화분이 매력적인 야외 파티오의 한편을 멋지게 장식하고 있다.

플라스틱

유약을 바른 화분의 경우와 마찬가지로, 플라스틱 화분의 경우 화분 벽을 통해 물이 증발하지 않기 때문에, 더 오래 수분을 유지할 수 있다. 그러나 플라스틱 화분은 햇빛 속의 자외선에 오래 노출될 경우 변질되기 때문에, 실외에 2년 정도 내놓으면 금이 가기 쉽다. 게다가 시간이 지나면서 색이 바랠 수도 있다. 요즘에는 플라스틱 화분들이 자외선 손상을 막아줄 코팅이 되어 나오는 경우가 많아져, 화분을 자주 이리저리 옮기거나 햇빛에 노출시키는 경우에 좋은 선택이 될 수 있다. 플라스틱 화분은 무게는 더 가볍지만, 깨지기 쉬우므로 바닥에서 잡아끌 때는 조심해야 한다. 자리를 옮길 때는 밑에서부터 번쩍 들어서 옮기도록 하라. 그리고 당신의 미니어처 세계는 몇 년이고 당신과 함께하게 된다는 점을 감안해, 화분을 살 때는 최대한 내구성이 강한 화분을 사도록 하라.

목재

목재 화분은 미니어처 정원이 따뜻하면서도 수수한 분위기에 쌓이게 해준다. 게다가 대개 비싸지도 않고 가벼우며, 모양과 크기도 마음대로 선택할 수 있다. 예를 들어 향나무는 다른 목재들에 비해 잘 썩지 않아, 향나무로 만든 화분을 선택한다면 더 오래 쓸 수 있다. 목재 화분은 화분 받침 액세서리들로 받쳐 놓을 경우 바닥이 비교적 건조해 잘 썩지 않으며, 그래서 수명을 더 연장할 수 있다.

수명을 늘리기 위해 목재에 왁스나 오일, 또는 페인트를 칠할 수도 있는데, 그럴 경우 화분 안쪽에는 식물들에게 해롭지 않은 소재를 써야 한다. 화분 안쪽을 유독 물질로 칠할 경우, 그것이 흙 속이나 식물 뿌리로 스며 들어갈 수도 있다. 마찬가지로 나무 화분을 쓰는 경우, 방부제 처리된 나무는 피하는 것이 좋다. 방부제로 쓰이는 약품에 식물이 죽을 수도 있기 때문이다.

목재는 젖으면 팽창하고 마르면 수축한다. 그리고 목재 안에는 작은 섬유들이 들어 있어, 그것들이 습기를 빨아들여 부풀어 오르면서 목재를 팽창시킨다. (장마철에 나무 서랍들이 뻑뻑하니 잘 안 열리는 것도 바로 이 때문이다.) 이런 이유로 목재 화분은 흙에서 수분을 빨아들이며, 그래서 특히 햇빛에 그대로 노출되는 경우 미니어처 정원 흙이 빨리 또는 때로 예기치 않게 갑자기 말라버린다.

그래서 목재 화분에는 건조한 흙에서도 잘 자라는 '컴프레사Compressa' 향나무에 백리향이나 은설 같은 식물들을 심는 것이 좋다.

손잡이 달린 목재 화분이라면
들고 다닐 수도 있다.

콘크리트와 돌을 섞어 쓰면 아름다운 표면 질감이 느껴진다.

모조 돌

모조 돌 화분은 특정 테마를 가진 미니어처 정원을 만드는 데 그만이다. 장식이 된 모조 돌은 전통적인 이탈리아 조각상들과 일명 '스카이 펜슬'이라 불리는 꽝꽝나무들(실물 크기의 서양 노송나무의 미니어처 모양)이 늘어선 조그만 이탈리아 르네상스 정원에 풍미를 더해준다.

발포 고무로 만든 모조 돌 화분은 가벼우면서도 탄력이 있으며, 흙은 얼지언정 이 화분은 얼지 않는다. 그리고 주물 디자인 자체가 돌 모양이기도 하지만 거기에 페인트를 칠해 더 돌 느낌이 난다. 이 화분은 겉모양은 단단해보이지만 페인트칠한 화분 표면은 조심스레 다루어야 한다. 표면이 쉽게 긁히거나 자국이 나 그 아래 발포 고무가 드러나게 되기 때문이다. 만일 구입한 발포 고무 화분에 배수 구멍들이 없다면, 드릴로 금방 뚫을 수 있다. 그리고 시간이 지나 화분 표면이 닳게 될 경우에는 아크릴 페인트를 칠해 수명을 늘릴 수 있다. 일반 가정용 페인트를 칠해도 효과가 있다. 다만 그 경우 화분을 완전히 말린 상태에서 먼지를 다 털어내고 페인트칠을 해야 하며, 페인트칠이 끝난 뒤에는 완전히 마를 때까지 건들지 말고 내버려 두어야 한다.

하이퍼투파와 시멘트

하이퍼투파hypertufa 및 콘크리트 화분은 당신의 미니어처 정원에 고색창연한 분위기를 내는 데 적격이다. 하이퍼투파는 대개 콘크리트와 질석을 섞어 만드는 것으로, 무게는 딱딱하게 굳은 콘크리트보다 더 가볍다. 딱딱한 콘크리트 화분은 워낙 무거워서 훔쳐갈 일이 거의 없으므로, 사람들의 출입이 잦은 집 앞에 두거나 가게 같은 데서 상업적인 용도로 사용하는 데 그만이다. 그리고 화분이 무거울수록 키 큰 식물들을 심기에 안성맞춤이다. 하이퍼투파나 시멘트는 겉모습이 똑같아 직접 들어 올려보기 전까지는 구분할 수가 없다. 그러므로 미니어처 정원을 이리저리 옮길 생각이 아니라면, 콘크리트 화분을 선택하는 게 좋다.

크기가 중요하다

식물들을 화분이 아닌 땅에 심게 될 경우, 미니어처 정원의 크기는 당신의 열의가 어느 정도인가에 따라 달라지게 된다. 땅바닥에 앉아 몇 시간 동안 꽃나무들을 심으며 소일할 용의가 있는가? 그게 아니라면 보다 작은 미니어처 정원, 보다 손이 덜 가는 미니어처 정원을 만들도록 하라. 사실 만들려는 미니어처 정원이 크면 클수록 아이들에게는 더 좋다. 정원이 크면, 여러 아이들이 동시에 다른 구역에서 놀 수 있는 공간이 나오기 때문이다. 집 마당 여기저기에 미니어처 정원들을 만든 뒤 그 정원들을 오솔길로 연결하는 것도 재미있을 것이다. 단계별로 차근차근 미니어처 정원을 만들어나가는 방식을 택할 수도 있다. 미니어처 정원이 마치 기존의 관목 울타리 및 꽃나무들의 일부인 것처럼 보이게 만들어보라. 잔디 한가운데서부터 뻗어나온 미니어처 정원을 만들 경우, 기존 정원과 연계해 뭔가 일관성을 주어야 할 것이다.

관상용 풀들 사이에 자리를 잡게 하는 것도 미니어처 정원을 기존 꽃나무들과 연계해 만드는 좋은 예이다. 그 경우 관상용 풀들을 열대 섬의 배경처럼 삼을 수도 있다. 고운 모래를 깔고 그 위에 작은 영국 회양목을 심고 연못을 만들고 안락의자를 놓아보라. 그리고 거기에 작은 조개껍질들과 유목 조각들을 뿌려보라. 쭉쭉 뻗은 풀줄기들이 대나무 울타리처럼 보여, 금방 멋진 휴양지에 와 있는 기분이 들게 될 것이다.

큰 바위들로 꾸민 정원 앞에 미니어처 정원을 만드는 경우라면 쉽게 다른 테마를 적용해볼 수 있다. 잎이 무성한 나무 한 그루를 심고, 그 나무로 향하는 돌길을 따라 미니어처 데이지들을 군데군데 심어 멋진 영국식 정원을 만들어보라. 아니면 바위 정원에 어울리는 자갈들을 좀 깐 뒤 잎이 작은 세덤류를 옆 땅 속에 낡은 마차 바퀴 일부를 박아 넣어 시골풍 정원을 만들어보라. 이처럼 실물 크기의 바위 정원 가까이에 스케일을 줄인 미니어처 정원을 만들게 되면, 그 즉시 아주 매력적이고 멋진 풍경이 조성될 것이다.

왼쪽.
일반적인 크기의 정원 한 구석 흙 위에 조그만 미니어처 정원이 있다고 생각해보라. 정말 사랑스럽지 않겠는가.

오른쪽.
일반적인 크기의 관상용 풀들이 미니어처 정원에 이국적인 분위기를 주게 된다.

올바른 장소에
올바른 식물을

미니어처 정원에 심을 꽃나무들을 고를 때는 무엇보다 먼저 그 정원을 실내에 만들 것인지 실외에 만들 것인지, 또 땅에 직접 심을 것인지 아니면 화분에 심을 것인지를 결정해야 한다. 그 다음에는 정원을 만들 장소가 햇빛이 어느 정도 잘 드는지를 생각해야 한다. '올바른 장소에 올바른 식물'이라는 규칙을 지키는 것이 아주 중요한 것이다. 미니어처 식물이라고 해서 아무 데서나 잘 자라는 건 아니며, 또 화분에 키운다 해서 그 화분을 아무 데나 놓아도 좋다는 건 아니기 때문이다.

햇빛을 많이 받아야 하는 식물의 경우 그늘진 장소에선 잘 자랄 수 없고, 사막에서 자라는 식물의 경우 습기 찬 흙에선 썩게 된다. 또한 실내에서 키워야 하는 식물의 경우, 당신이 사는 데가 일 년 내내 기온이 섭씨 15도 이상으로 유지되지 않는 한 실외에서 키워선 안 된다.

정원을 만들려고 하는 장소에 잘 맞는 식물을 선택한다면, 관리하기도 더 쉽고 실망하게 될 가능성도 적을 것이다. 미니어처 정원은 잘만 가꾸면 큰 손질 없이도 몇 년은 가지만, 그것은 어디까지나 장소에 맞는 식물을 골랐을 때의 얘기이다.

당신 자신의 라이프스타일도 솔직히 돌아봐야 한다. 그야말로 노상 집을 비워야 한다거나 눈코 뜰 새 없이 바쁜 삶을 살고 있다면, 물 주는 기간이 길어져 흙이 건조해져도 문제없는 식물을 골라야 한다. 그러나 시간을 자주 내 애지중지 식물을 돌볼 수 있는 상황이라면, 축축한 흙이나 안개가 잦은 습기 찬 곳에서 잘 자라는 식물을 선택해도 좋다. 미니어처 정원 식물들에 대해 자세히 다룬 장을 읽어보면, 당신에게 맞는 적절한 식물을 고르는 데 도움이 될 것이다. 그러나 이렇게 계획 단계에서 미리 그 모든 걸 고려하는 것이 훨씬 좋을 것이다.

왼쪽.
초록빛 잎사귀들이 연못 속에 그림자를 드리우고 있다.

오른쪽.
긴병꽃이 심어져 있는 미니어처 양동이 화분들로 조그만 선반이 빛이 난다.

축소된 디자인 원칙들

정원 가꾸기 원칙들도 축소하라

다른 취미나 수공예와 마찬가지로 미니어처 정원 역시 다양한 수준에서 즐길 수 있는데, 특히 미니어처 정원을 만들면서 이런저런 기술을 동원하고 뭔가 생각을 하게 된다는 것이 정말 큰 매력이다. 물론 화분에 조그만 식물을 하나 던져놓고 조그만 장난감 의자를 하나 추가한 뒤 다 됐다고 외칠 수도 있다. 아니면 시간을 좀 들여서 실물 크기의 정원 일부를 줄여서 옮긴 듯한 멋진 미니어처 정원을 만들 수도 있다.

미니어처 정원에서
달콤한 파티 분위기가
느껴진다.

이 장에서 당신은 미니어처 정원의 다양한 스케일을 접하게 될 것이며, 그중 적절한 스케일을 선택하면 당신이 만들려는 스케일의 미니어처 정원에 제대로 적용할 수 있을 것이다. 또한 실물 크기의 정원을 가꾸는 데 필요한 원칙들과, 그 원칙들을 미니어처 정원에 적용하는 법도 배우게 될 것이다. 그러자면 정원 가꾸기 원칙들에 대한 생각도 어느 정도 수정해야 하겠지만, 그 원칙들을 모르고 미니어처 정원을 만드는 것보다는 알고 만드는 게 훨씬 더 만족스런 결과를 보게 될 것이다. 기준점, 균형감, 층 만들기, 형태, 질감, 색깔, 초점 등, 실물 크기의 정원에 적용되는 디자인 원칙들 역시 미니어처 정원에 맞게 스케일만 줄어들 뿐 그대로 적용될 것이다.

스케일 줄이기

미니어처 정원 디자인은 그 정원을 만들 화분이나 정원 자리의 스케일이 결정된 이후에 시작된다. 화분이나 정원 자리 스케일이 결정되어야, 거기에 맞는 미니어처 스케일을 결정할 수 있기 때문이다. 그리고 작은 정원에는 작은 식물과 액세서리들을 쓰고, 큰 정원에는 큰 식물과 액세서리들을 쓴다. 간단해보이는가? 그런데 작다는 건 어떤 의미일까? 그리고 어느 정도가 되어야 큰 걸까? 크기와 스케일에 대한 기준이 없다면 현실을 쉽고 빠르게 파악할 수 없을 것이고, 그래서는 마법 같은 일도 일으키기 힘들 것이다. 곧 얘기하게 될 미니어처 스케일을 기준으로 삼는다면, 어떤 스케일의 미니어처 정원을 만들지 결정하는 데 도움이 될 것이다.

표준적인 스케일의 일반 가정의 정원 스케일은 단 하나, 그러니까 인간에 맞춘 스케일 한 가지이다. 정원의 모든 것은 당신에 맞춰 디자인되며, 그래서 정원 오솔길은 당신이 걸어 다니기 적절해야 하고, 그 길 끝에 있는 고풍스런 정원 벤치는 당신이 앉기에 적절해야 한다.

나무와 식물들도 당신의 정원 풍경에 잘 어울려야 하며, 지나치게 커서 벤치나 오솔길이 위축되어 보일 정도가 되어서는 안 된다. 실물 크기의 당신 정원 안에 있는 모든 것은 다 같은 스케일이며, 식물들과 각종 인공물들, 가구들, 그리고 기타 모든 정원 액세서리들의 크기 역시 서로 자연스레 잘 어울려야 한다. 자, 이제 이 같은 개념들을 미니어처 크기로 그대로 줄여보라. 그게 바로 당신이 만들게 될 미니어처 정원이다.

왼쪽.
이 풍경의 스케일은 의자 크기를 중심으로 생각해보면 된다.

오른쪽.
벤치와 그 앞의 장작불이 이 풍경의 스케일을 보여주고 있다.

미니어처들의 크기

요즘에는 많은 것들이 미니어처화되고 있고, 그래서 어떤 스케일의 미니어처 정원이든 다 만들 수 있다. 중요한 건 정원 스케일을 일관성 있게 유지해야 한다는 것이다. 지금 미니어처 산업은 장난감 및 취미 시장에서도 가장 큰 부분을 차지하고 있으며, 그래서 미니어처 제품들의 스케일과 크기도 믿기지 않을 만큼 다양하다. 그리고 고맙게도 인형의 집 미니어처 업계에는 스케일과 크기를 재는 간단한 기준들이 있어 누구든 쉽게 이해할 수 있다.

인형의 집 미니어처 업계에서는 크게 세 가지 스케일을 사용하고 있는데, 그 기준은 그대로 당신의 미니어처 정원에 적용할 수 있다. 먼저 1인치(약 2.5센티미터) 스케일은 대형이고, 1/2인치(약 0.25센티미터) 스케일은 중형이며, 1/4인치(약 0.12센티미터) 스케일은 소형이다. 그리고 그 세 스케일에서 각 단위(1인치, 1/2인치, 1/4인치)는 실물 크기 1피트(12인치, 약 30센티미터)에 해당한다. 이제 이 세 가지 스케일을 익혀보기로 하자. 그러면 당신이 만들 미니어처 정원의 공간 스케일을 판단할 수 있게 될 것이다.

왼쪽.
이 화분은 너비가 10인치(약 25센티미터)가 넘으므로 1인치 스케일, 즉 대형에 해당한다.

오른쪽.
대개 중심이 되는 특정 아이템이 미니어처 정원의 스케일을 결정한다.

대형 미니어처들

대형, 즉 1인치 스케일에서는 1인치(약 2.5센티미터)가 1피트(약 30센티미터)에 해당한다. 따라서 이 스케일에서는 키가 6피트(약 180센티미터)인 사람은 그 키가 6인치가 된다. 이런 1인치 스케일에서는 실물 크기의 피트수를 그대로 간단히 대형 미니어처의 인치수로 바꾸면 된다. 그러니까 길이가 5피트인 삽은 5인치, 너비가 1피트인 화분은 1인치, 길이가 40피트인 정원 자리는 40인치가 되는 것이다. 이 1인치 스케일은 큰 미니어처 정원에서 널리 쓰이는데, 그것은 계산하기도 쉽고 다루기도 쉬우며 멀리서도 액세서리들이 눈에 잘 띄기 때문이다. 땅에 직접 식물을 심어 미니어처 정원을 만들거나 너비 10인치(약 25센티미터)가 넘는 화분을 이용할 때는 이 스케일을 쓰도록 하라. 너무 작은 화분에 너무 큰 액세서리들을 쓴다면 답답하고 비좁아 보일 것이다. 반대로 큰 화분에 작은 액세서리를 쓴다면 너무 휑해보일 것이다. 대개 풍경 속에 뭔가를 채워 넣는다고 액세서리를 추가하지만, 자칫 잘못하면 미니어처 정원 전체가 어수선해보일 수도 있다.

중형 미니어처들

중형, 즉 1/2인치 스케일에서는 1/2인치가 실물 크기의 1피트(약 30센티미터)에 해당한다. 따라서 이 스케일에서는 키가 6피트인 사람은 3인치, 길이가 5피트인 삽은 2와 1/2인치, 너비가 1피트인 화분은 1/2인치, 길이가 40피트인 정원 자리는 20인치가 되는 것이다. 이 크기는 너비 5~10인치(약 12~25센티미터)인 화분에 적합하며, 식탁 중앙에 놓는 장식물 등으로 안성맞춤이다.

왼쪽.
이 긴 의자는
2와 1/2인치 높이이며,
따라서 1인치 스케일
또는 대형에 해당한다.

오른쪽.
땅딸막한 긴병꽃들에
둘러싸인 이 모아이상
모형은 중형, 즉 1/2인치
스케일에 해당한다.

소형 미니어처들

소형, 즉 1/4인치 스케일에서는 1/4인치가 실물 크기의 1피트(약 30센티미터)에 해당한다. 따라서 이 스케일에서는 키가 6피트인 사람은 1과 1/2인치, 길이가 5피트인 삽은 1과 1/2인치, 너비가 1피트인 화분은 1/4인치, 길이가 40피트인 정원 자리는 10인치가 되는 것이다.

이 스케일이 얼마나 많이 축소된 건지 짐작이 갈 것이다. 그런데 작은 화분 안이나 유리로 된 테라리움 안에 이 스케일의 미니어처 정원을 만들어놓으면 그렇게 예쁠 수가 없다. 너비 2~5인치(약 5~12센티미터)의 화분들을 창틀에 늘어놓으면 더없이 멋진 소품들이 될 것이다. 아니면 아주 작은 정원을 다음 번 디너 파티 때 식탁 위에 만들어놓아보라. 아마 평생 함께할 친구가 되어 줄 것이다.

소형, 즉 1/4인치 스케일의 요정 정원

새로운 수학

잠시 시간을 내 다음의 새로운 공식을 내 것으로 만들어 보라. 그러면 앞서 얘기한 세 가지 스케일에 대한 감이 확실히 잡힐 것이다. 1/2인치 스케일은 1인치 스케일의 반이고, 1/4인치 스케일은 1/2인치 스케일의 반이다. 처음에는 뭔 소린가 싶겠지만, 조금만 연습하면 곧 익숙해질 것이다.

물론 미니어처 정원과 관련해 꼭 이런 스케일을 사용해야 한다는 법은 없다. 하지만 재차 강조하지만, 당신의 미니어처 정원을 어디에 만들 것인지 또 어떻게 보이게 만들 것인지를 심사숙고할 필요가 있다. 예를 들어 큰 화분들일수록 땅에 가까이 놓든가 아니면 바로 땅 위에 놓는 경우가 많으며, 그래서 거기에 만드는 미니어처 정원은 대개 시선에서 멀지 않은 곳에 놓이게 된다. 그리고 대형 미니어처 정원의 식물들을 직접 땅에 심을 경우, 그 정원을 좀 더 멀리에서, 그러니까 당신 주방 창문이나 파티오 등에서 내려다볼 수도 있다. 그리고 또 미니어처 정원에 큰 액세서리와 큰 식물들을 쓸수록 그 정원은 그만큼 감상하기도 좋고 보기도 쉽다.

소형 액세서리들은 죽 늘어선
조그만 화분들에 뭔가 포인트를 준다.

작은 공간에서
맛보는
큰 즐거움

미니어처 정원 액세서리는 그 스타일도 크기도 미니어처 정원을 가꿀 수 있는 장소만큼이나 다양하다. 그렇다면 그렇게 다양한 미니어처 정원 액세서리의 스타일과 크기는 어떻게 선택해야 할까? 조그만 식탁에 너무 큰 액세서리를 놓는다거나 큰 파티오에 어울리지도 않는 작은 의자를 놓는다면 현실감은 사라지게 된다. 모든 것이 적절한 스케일을 유지할 때 비로소 매혹적인 미니어처 정원이 탄생하는 것이다.

식물을 땅에 직접 심는 경우 액세서리의 스케일은 클수록 좋다. 그래야 서 있는 자세에서는 물론 그 곁을 걸어 지나가면서, 또는 어느 정도 떨어져 앉아서도 잘 보이기 때문이다. 기껏 신경 써서 갖다 놓은 액세서리가 잘 보이지 않거나 감상하기가 힘들다면 좋겠는가. 그러니 1인치 스케일, 즉 대형 액세서리들을 선택하도록 하라. 너비가 10인치(약 25센티미터) 정도 되는 화분에도 1인치 스케일의 액세서리가 적절한데, 그것은 중형(1/2인치 스케일)이나 소형(1/4인치 스케일) 액세서리의 경우 여러 개를 써야 존재감이 느껴지기 때문이다.

너비가 10인치가 채 안 되는 미니어처 정원의 경우, 중형(1/2인치 스케일) 액세서리가 안성맞춤이다. 그 정도 크기의 파티오용 의자들과 식탁 세트들이라야 폭 4인치(약 10센티미터) 정도 되는 원형 파티오에 보기 좋게 어울린다. 너비 2인치(약 5센티미터)의 정원이나 작은 테라리움에는 1/4인치 스케일의 액세서리들을 사용하도록 하라.

미니어처 정원의 이점 중 하나는 한 번 선택한 것을 계속 그대로 가져갈 필요가 없다는 것이다. 액세서리들만 교체함으로써 금방 쉽게 정원 풍경과 분위기를 완전히 바꿔볼 수 있는 것이다. 예를 들어 뒤뜰 한 구석에 목련을 심었다면 영영 거기 두어야 하지만, 미니어처 정원의 경우 전혀 그렇지 않다. 미니어처 정원에 심은 식물들은 단 몇 분 안에 자리를 옮기거나 다른 화분으로 분갈이를 할 수도 있다.

미니어처 정원의 세계 안에 여전히 소형, 중형, 대형 액세서리가 뒤섞여 있다. 여기 보이는 1인치 스케일의 의자는 대형이라고 봐야 한다.

식물들의 크기

스케일과 크기에 관한 한, 식물들은 미니어처 정원 안의 다른 아이템들에 비해서는 융통성이 많은 편이다. 당신이 사용하게 될 미니어처 나무들과 관목들은 각기 다른 스케일에 껴 맞출 수 있기 때문이다. 예를 들어 높이 6인치(약 15센티미터)의 나무 한 그루는 서로 다른 스케일에 적합할 수 있다. 그러니까 대형에서는 6피트(약 180센티미터), 중형에서는 12피트(약 360센티미터) 높이의 나무가 될 수 있는 것이다. 그러나 만일 그 나무 외에 벤치도 새 물통도 파티오도 없다면, 미니어처 스케일은 아무 의미가 없으며, 그 나무는 그저 화분에 심어진 한 그루 나무일 뿐이다.

위의 얘기를 입증해주는 좋은 예가 이른바 여물통 정원이다. 이 형태의 정원의 경우, 대개 하이퍼투파로 만든 화분 안에 미니어처 침엽수들과 이끼, 키 작은 지피식물 등을 심는다. 여물통 정원은 그 자체로 아름답지만, 당신이 만일 그 안에 미니어처 새 물통을 집어넣는다면, 그 즉시 그 새 물통을 기준으로 정원 안의 다른 식물들의 스케일을 맞춰야 하는 문제가 생겨난다. 물론 그 새 물통을 치우면, 그러니까 신경 써야 할 스케일의 문제 역시 사라지면, 그 화분은 다시 그저 평범한 여물통 정원이 된다.

건강하게 잘 자라고 있는 이 나무는 몸통 두께가 약 1인치(약 2.5센티미터)이다.

디자인 원칙들도
줄여라

자, 당신이 실내와 실외의 공간을 모두 돌아보면서 심사숙고해보았다고 하자. 그래서 미니어처 정원을 가꿀 장소가 결정됐다. 그리고 스케일 문제도 다 결론지었다. 그렇다면 이제 디자인에 대해 생각해볼 때가 된 것이다.

실물 크기의 정원 디자인 원칙들이 미니어처 정원 디자인의 기초가 된다. 기준점, 균형감, 층 만들기, 형태, 질감, 색깔, 초점 등, 실물 크기의 정원에 적용되는 디자인 원칙들을 미니어처 정원에 적용하면 확신을 갖고 정원을 디자인할 수 있을 것이다. 그리고 그런 원칙들을 제대로 다 이해한다면, 거의 전문가 수준의 정원 디자인을 할 수 있어 매혹적이면서도 오래가는 미니어처 정원을 만들어낼 수 있을 것이다.

어떤 분야의 디자인이든 여러 가지 요소들을 두루 고려해야 하며, 정원 디자인 역시 복잡하기는 드레스 디자인이나 실내 인테리어 디자인과 다를 바가 없다. 먼저 필요한 것들이 무엇인지를 살펴봐야 하고, 그런 다음 그것들을 모두 끌어모아 하나의 디자인 안에 합치는 작업을 해야 한다. 예를 들어 미니어처 정원의 기준점을 정했다면 그 다음엔 균형감도 고려해야 하고, 식물들의 높이를 달리해 층을 만들었다면 그 다음엔 질감도 고려해야 하는 것이다. 이런 게 복잡하게 느껴질 수도 있지만 이 역시 정원 디자인이라는 창조적인 작업에서 맛볼 수 있는 즐거움 중 하나이다. 특히 정원 가꾸기가 처음인 초심자의 경우 이런 작업을 통해 버거울 정도로 많은 이런저런 디자인 옵션들을 몇 가지 옵션으로 줄여, 곧바로 정원 가꾸기에 착수할 수 있다.

왼쪽.
이 긴병꽃은 조그만 테라코타 화분에 더없이 잘 어울린다.

오른쪽.
이 선상 가옥 안에는 포인트가 될 만한 요소들이 여럿이어서, 사람들로 하여금 좀 더 자세히 들여다보게 만든다.

위.
미니어처 정원 디자인에
적용되는 원칙들은 실물 크기의
정원 디자인에 적용되는
원칙들과 같지만, 모든 것을
한눈에 볼 수 있다는 점에서
다르다.

아래.
높이 1피트(약 30센티미터)짜리
'컴프레사Compressa' 향나무가
조그만 징검다리 곁에 서
있으니 그럴듯한 나무처럼
보인다.

기준점

실물 크기의 정원에서는 보통 가장 큰 요소가 기준점 anchor point이 된다. 이미 완전히 자리 잡고 있어 쉽게 움직일 수 없는 것들 말이다. 당신의 뜰 한복판에 있는 커다란 나무 한 그루, 늘 그 자리를 지켜온 커다란 분수, 집 뒤쪽 주방에서 뻗어 나온 파티오 등이 다 기준점이 될 수 있다. 실물 크기의 정원을 디자인하는 전문가들은 기준점을 '점핑오프 포인트 jumping-off point'라 부르기도 하는데, 역시 기준점 내지 출발점 정도의 뜻이다. 이 기준점들은 디자인에서 배제할 수 없으며, 그래서 정원 디자이너들은 반드시 그 기준점들을 고려해 작업을 해야 한다. 그러나 미니어처 정원의 세계에서는 처음부터 다 당신이 직접 디자인하기 때문에, 무엇을 기준점으로 삼든 그건 당신 마음이다. 그러나 당신의 미니어처 정원에 현실감 내지 자연스러움을 주고 싶다면, 실물 크기의 기준점을 미니어처 버전으로 사용하는 게 좋다. 예를 들어 가장 큰 나무나 단 한 그루밖에 없는 나무를 기준점으로 삼으면 간단할 것이다.

층 만들기

층 만들기는 미니어처 정원처럼 작은 정원의 경우에는 고려할 필요가 없는 디자인 기법이라고 생각할지 모르지만, 아름다운 풍경을 만들어내려면 반드시 필요한 기법이다. 실물 크기의 정원의 경우와 마찬가지로, 층 만들기를 하면 입체감도 생기고 시선도 더 끌게 된다. 일단 기준점이 정해지게 되면, 그 다음에는 높이가 다른 식물들을 심고 정원 경계선이나 담을 만드는 등, 층 만들기에 착수할 수 있다. 예를 들어 미니어처 정원에 높이 8인치(약 20센티미터)의 난쟁이 노송나무와 높이 2인치(약 5센티미터)의 애란, 그리고 높이 0.5인치(약 1.25센티미터)의 '엘핀 Elfin' 백리향을 심을 경우 서로 높이가 다른 세 가지 층이 만들어지게 된다.

왼쪽.
'픽시 더스트 Pixie Dust' 난쟁이 알버타 가문비나무처럼 잘생긴 나무는 아주 훌륭한 기준점 역할을 해준다.

오른쪽.
식물과 액세서리들의 높낮이를 달리해 층이 지게 만들면 정원에 현실감과 깊이가 더해진다.

균형감

미니어처 정원의 경우 모든 풍경이 한눈에 즉시 들어오기 때문에, 그 디자인 작업 역시 실물 크기의 정원 디자인에 비해 훨씬 더 압축적이다. 일반적인 크기의 정원의 경우에는 정원 내의 한 모서리나 화단이 한눈에 들어오며, 그래서 그 부분 내에서는 물론 정원의 나머지 부분, 즉 전체와의 균형감을 맞춰줄 필요가 있다. 그러나 미니어처 정원의 경우에는 정원 내 모든 부분의 균형감을 한 번에 판단해야 한다. 화분이나 화단 공간의 크기, 화단의 모양, 나무의 높이와 형태, 파티오의 크기, 기타 당신이 집어넣으려 하는 모든 것에 대해 한 번에 생각해야 하는 것이다. 그 모든 것들 사이에 보기 좋은 균형감이 있어야 하며, 어느 하나가 지나치게 두드러지거나 나머지 것들과 분리되어 따로 놀아서는 안 된다. 본능이 시키는 대로 모든 조각을 자연스레 퍼즐 맞추듯 맞춰가고, 작업이 끝나면 뒤로 물러서서 한눈에 미니어처 정원 전체를 훑어보도록 하라.

형태

형태도 중요하다. 당신은 당신의 미니어처 정원에 있는 모든 식물이 똑같아 보이는 걸 원치는 않을 테니 말이다. 미니어처 또는 난쟁이 식물과 나무는 실물 크기의 식물들만큼이나 그 형태가 다양하다. 쭉 뻗어 올라가는 것, 좁다란 것, 널따란 것, 퍼지는 것, 공처럼 둥근 것, 덩굴처럼 기는 것 등등이 그 일부 예들이다. 키가 크고 좁다란 나무들과 공 모양의 관목들, 그리고 덩굴처럼 기는 지피 식물들을 한데 심는다면, 멋진 층도 지고 형태도 흥미로운 트리오를 한데 묶는 것이 될 것이다. 이 경우 모양의 균형감도 살릴 수 있는데, 아마 중간 크기의 화분에 심으면 더없이 보기 좋을 것이다.

왼쪽.
미니어처 정원에서는 모든 게 한눈에 들어오기 때문에, 균형감은 반드시 지켜져야 한다.

오른쪽.
'엘프태' 난쟁이 알버타 가문비나무의 형태를 공처럼 둥글게 만들었더니 화분의 이미지와 비슷해졌다.

질감

정원 디자인에서 말하는 질감이란 나뭇잎의 다양성을 가리킨다. 예를 들어 조그맣고 넓은 잎을 가진 작은 회양목은 바늘처럼 뾰족뾰족한 무고소나무와는 질감이 다르다. 작지만 무성한 돌나물의 잎들은 타임의 잎들에 비해 도톰한 질감을 갖고 있다. 서로 대조되는 질감들을 잘 섞으면 보다 보기 좋은 디자인의 미니어처 정원이 만들어지며 식물들의 경계도 분명해진다.

색깔

색깔은 미니어처 정원 디자인에서 아주 중요한 요소이지만, 초심자들이 간과하는 경우가 많다. 다음에 인근 묘목장에 가볼 기회가 있다면 유심히 살펴보라. 밝고 옅은 초록색에서 어둡고 짙은 초록색에 이르기까지 다양한 초록색이 있는 걸 보게 될 것이다. 청록색도 거의 회색빛 청록색에서 푸르스름한 청록까지 다양하다. 생기 넘치는 디자인의 미니어처 정원을 만들고 싶다면, 정원 전체가 일관성 있는 한 가지 주요 잎사귀 색으로 유지되게 하라. 워낙 조그만 정원이어서 같은 색조를 너무 다양하게 쓰면 아무 목표도 계획성도 없어 보인다. 그리고 또 미니어처 갈색 골풀과 초콜릿색 돌나물을 섞는 등, 서로 대조되는 색깔들을 쓰면 그만큼 더 눈길을 끌게 된다.

왼쪽.
질감과 색에서
다양성을 주면
분위기가 더 살아난다.

오른쪽.
미니어처 정원에는
과감한 색을 쓰는 것도
두려워 말라.

초점

초점이란 정원 안에서 가장 눈길을 끄는 요소이다. 그렇다면 기준점과 초점의 차이는 무엇일까? 기준점은 대개 가장 큰 자연 요소로, 가장 키가 큰 나무인 경우가 많다. 반면 실물 크기의 정원이든 미니어처 정원이든, 초점은 분수나 정원 조각상 또는 오솔길 끝에 있는 벤치 같은 인공물이나 장식품인 경우가 많다. 멋진 미니어처 정원 가꾸기의 비법들 가운데 하나는 초점을 정해 정원 내 다른 요소들이 그것과 비교되게 함으로써 스케일을 만들어낸다는 것이다. 예를 들어 작은 벤치가 하나 더해지면, 그 주변 식물들의 스케일 역시 그 벤치의 스케일에 맞춰 일제히 변화하게 된다.

당신은 지금 처음부터 새로 정원을 만들고 있고, 이미 존재하는 초점도 따로 없기 때문에, 마음 내키는 대로 초점을 만드는 사치를 누릴 수 있다. 흔히 새 물통과 벤치, 의자 같은 것들이 눈길을 끄는 초점으로 널리 쓰이지만, 잊지 못할 멋진 여행에서 가져온 기념품처럼 뭔가 특별한 것이 당신의 초점이 될 수도 있다.

초점이 눈길을 끌면 끌수록, 미니어처 정원 역시 그만큼 더 매혹적인 장소가 된다.

자,
이제 시작해보자

이제 당신은 여지껏 배운 미니어처 정원의 디자인 원칙들을 철저히 지켜 멋진 정원을 만들어낼 수도 있고, 그 원칙들은 다 무시한 채 당신 마음이 시키는 대로 멋진 정원을 만들어낼 수도 있다. 그런데 만일 다 만들어놓은 미니어처 정원에 뭔가 부족한데 그게 정확히 뭔지 잘 모르겠다면, 앞서 살펴본 디자인 원칙들을 하나하나 되짚어보면서 뭔가 빠뜨린 게 없나 잘 살펴보라. 아무리 노련한 정원사들도 정원을 새로 만든 뒤에 이것저것을 옮기고 보태고 한다는 걸 잊지 말라. 실물 크기의 정원을 손보려면 몇 시간이고 땀 흘려가며 식물들을 이리 옮기고 저리 옮기고 해야 하지만, 미니어처 정원을 손보는 건 단 몇 분이면 된다. 이것도 미니어처 정원의 즐거움들 가운데 하나이다.

　공예와 원예가 합쳐진 이 독특한 미니어처 정원 가꾸기는, 단순히 디자인하고 만드는 걸로 끝이 아니다. 미니어처 정원을 가꾸는 행위 자체도 이 취미의 아주 중요한 부분인 것이다. 미니어처 식물들이 몇 달 몇 년을 한데 어울려 커가는 걸 지켜보는 것, 그리고 또 당신이 여러 해 전에 심은 미니어처 나무의 몸통과 줄기가 점점 굵어지는 걸 보는 것은 정말 너무나도 보람 있는 일이다. 막 심어놓은 너무도 작은 식물을 보면서 짜릿한 기쁨이 느껴진다면, 그 식물이 다 자랄 때까지 기다려보라. 감히 장담하건대, 그때쯤 되면 당신은 아마 미니어처 정원의 세계에 푹 빠져 헤어나오지 못하게 될 것이다.

뭔가 이야기가 있는
조그만 정원을 좋아하지
않는 사람은 없다.

파티오와 오솔길

미니어처 정원 안을 거닐어보자

매력적이며 현실감 넘치는 미니어처 정원을 만들려면 식물, 액세서리, 파티오 또는 오솔길 같은 요소들이 꼭 필요하다. 파티오나 오솔길은 일부러 계획해서 만드는 인공물이어서, 보는 사람들로 하여금 곧 '어, 이건 꽃나무를 심어놓은 평범한 화분이 아니네.' 하는 느낌을 주며, 호기심을 자극해 좀 더 가까이 다가가 들여다보게 만든다. 또한 이런 인공물들은 미니어처 정원에 스케일을 가져다주어, 주변 식물들과 대조가 될 뿐 아니라, 미니어처 정원 전체 분위기를 풍요롭게 해준다.

판석 파티오 가장자리에
조그만 꽃들이 피어 있고
조그만 조각상이 서 있다.

길에는 특별한 매력이 있다. 그래서 미니어처 정원 안에 사람이 다니는 길이 보이면 그것만으로도 호기심을 자아낼 수 있는데, 몇 개의 돌과 미니어처 보도블록만으로도 그런 효과를 낼 수 있다. 그리고 그 길 끝에 조용한 벤치가 있고 그 근처에 새 물통이 있다거나, 조그만 나무 그루터기 탁자와 의자가 있다거나, 푸른 유리 조각들로 만든 연못과 아주 작은 개구리 한 마리가 있다면, 보는 이에게 신선한 충격을 안겨줄 것이다.

그럼 먼저 파티오와 길을 만드는 데 쓸 소재들을 선택하는 방법과 그것들을 구하는 방법, 그리고 그것들을 설치하는 방법에 대해 알아보자.

미니어처 인공물의 블록들

당신의 미니어처 파티오나 길을 만드는 데 쓰는 소재들이 미니어처 정원의 현실감과 테마를 살려줄 수도 있고 망가뜨릴 수도 있다. 예를 들어 미니어처 정원을 가로지르는 오솔길에 두툼하고 밝은색 대리석들을 깐다면, 그건 마치 실물 크기의 정원 오솔길에 볼링공을 까는 것과 같다. 실제의 세상에 어울리지 않는다면, 미니어처 세상에도 어울리지 않는 것이다. 파티오에는 울퉁불퉁 투박한 판석이 깔려 있는데, 미니어처 정원 전체는 격식을 제대로 갖춰 양편에 꽝꽝나무들이 줄지어 서 있고 대리석 같은 로마네스크 양식의 조각 받침들로 장식되어 있으며 완벽한 대칭을 이루고 있는 경우도 그런 예이다. 시골풍의 바위에 그야말로 온갖 격식을 다 갖춘 액세서리들과 나무들을 섞어놓는 것도 경치를 망치는 일로, 마음의 눈에 거슬리게 된다.

다른 소재들은 각기 다른 테마들에 도움이 되며, 따라서 제대로 된 파티오 소재를 쓸 때 제대로 된 미니어처 정원이 탄생하고 당신이 원하는 효과가 나올 수 있다. 그리고 실물 크기의 정원에 쓰이는 소재는 거의 다 미니어처 정원에서도 그대로 쓸 수 있으며, 아니면 보다 작은 조각들로 축소해 쓸 수 있다. 조그만 조약돌들은 자갈들처럼 보일 수 있고, 미니어처 벽돌은 비바람에 닳고 얼룩져 고풍스러워 보일 수 있으며, 3/8인치(약 0.9센티미터)짜리 작은 강의 돌들은 아주 현실감 넘치는 자갈길이 될 수 있다. 어쨌든 미니어처 정원은 당신만의 개인적인 세상이므로 오솔길에 밝은 노란색 분쇄 유리를 쓰든 뭐를 쓰든 뭐라 할 사람은 아무도 없다. 그러나 만일 현실감을 중시하고 싶다면, 제대로 된 파티오용 소재들을 선택하도록 하라.

경계는 미니어처 정원을 만들고 키워나가는 데 꼭 필요한 요소로, 문자 그대로 또는 상징적으로 파티오와 오솔길과 화단들 사이에 선을 긋는 것이다. 많은 미니어처 정원에서 경계선을 나타내는 데 쓰는 플라스틱 모조 목재는 얇고 신축성 있는 플라스틱으로 되어 있어 쉽게 구부릴 수 있다. 그래서 원하는 모양대로 만들 수도 있고 원 형태로 만들어 꼬챙이들을 이용해 고정시킬 수도 있다. 플라스틱 모조 목재는 접어서 뾰족한 모서리 경계선으로 쓸 수도 있고 기하학적인 모양으로 만들 수도 있다. 동네 목공소나 철물점에 가서 진짜 목재로 된 경계 구분용 제품을 살 수도 있다. 그러나 진짜 목재는 보기는 좋지만, 2년 정도만 지나도 썩기 시작한다.

모양이 제각각인 판석들이 파티오 바닥에 굳어져 자리를 잡고 있다.

파티오의 바닥 소재 크기

당신이 사용하게 될 파티오 바닥 소재들의 크기는 정원 크기나 스케일에 따라 달라지게 된다. 먼저 사람을 기준으로 한 실물 크기의 정원을 만들려 할 때의 파티오 크기를 떠올려보라. 미니어처들의 스케일은 피트(feet라는 길이 단위 자체가 발foot의 길이에서 나온 것임)를 기준으로 정해지기 때문에, 당신 자신의 발 길이와 연관지어 생각하면 파티오의 크기 역시 쉽게 짐작할 수 있다. 당신 자신의 발로 벽돌, 돌, 자갈들 위를 걷는다고 가정해보라. 그러면 자가 없이도 대략적인 크기를 짐작할 수 있다. 벽돌 한 장의 평균 길이는 8인치(약 20센티미터)이다. 그것을 발의 평균 길이인 9인치(약 23센티미터)와 비교해보고, 그것을 1인치 스케일로 줄여보라. 그러면 미니어처 벽돌 한 장의 길이가 0.5인치(약 1.25센티미터)가 조금 넘는다는 걸 알 수 있을 것이다.

당신이 만들려는 정원의 테마를 염두에 두면, 정원 화단과 비교해 파티오가 어느 정도 크기가 되어야 하는지가 나온다. 당신이 만일 뒤뜰을 만들고 거기에 피크닉용 식탁과 미니어처 바비큐 그릴을 갖춰 놓으려 한다면, 파티오에 그런 아이템들까지 놓을 수 있는 여유 공간을 주어야 한다. 실제 상황에서도 파티오에 식탁과 바비큐 그릴을 갖다 놓으려면, 그 주변으로 사람이 왔다갔다할 수 있는 여유 공간이 있어야 하기 때문이다. 그러나 만일 사람이 앉아 책을 읽을 수 있는 아늑한 공간을 만드는 거라면, 의자 하나와 화분 하나만 있어도 되므로 파티오는 훨씬 더 작아도 될 것이다.

이끼들이 바윗돌들로 만든 길의
틈새들을 메우고 있다.

당신이 만일 초심자라면, 파티오 크기를 뽑는 데 삼등분 원칙을 적용할 수도 있다. 그러니까 정원 화단에는 정원 전체 면적의 2/3를 할애하고 파티오에는 그 나머지 1/3을 할애하는 식으로 말이다. 예를 들어 지름 12인치(약 30센티미터)의 화분의 경우, 파티오에 가로·세로 각각 약 4인치(약 10센티미터)의 면적을 주는 것이 균형감 있게 보일 것이다. 혹 파티오가 더 넓은 스타일의 정원을 만들고 싶다면, 화단에는 화분 전체 면적의 1/3을 할애하고 그 나머지 2/3를 파티오에 할애하면 될 것이다. 이 비율은 직접 미니어처 정원을 만들면서 언제든 바꿀 수 있으니, 가장 보기 좋은 쪽으로 밀고 나가보라. 하지만 어떤 소재가 얼마나 필요할지는 미리 생각해보는 것이 더 좋기는 하다.

대리석, 타일, 바위, 판석, 조약돌들은 실물 크기의 소재들을 구해 줄일 수 있으므로 얼마든지 구할 수 있다. 그물망 위에 고열에 구운 미니어처 벽돌들을 끼워 파는 게 있는데, 그걸 쓰면 최소 몇 년은 간다. 분쇄된 유리를 쓰면 미니어처 정원에 또 다른 분위기를 주게 될 것이다.

극도로 미세한 모래(미니어처 정원 취급점에서 구입 가능)를 사용해보는 것도 좋을 것이다. 이 모래는 미니어처 해변에 깔아주면 스케일이 딱 맞는다. 완벽한 미니어처를 만들려는 사람 입장에서 일반적인 놀이 모래는 아마 다소 크게 느껴질 것이다. 아주 잘게 으깨 체로 걸러낸 나무껍질들 역시 놀이터에 깔아도 아주 그럴 듯하다. 바닥에 그 나무껍질 부스러기들을 뿌리면 길이 탄생하며, 미니어처 통나무들을 일렬로 눕혀놓고 뿌리면 공원 오솔길이 탄생한다.

왼쪽.
조그만 오솔길은 뭔가 이야기를 만들어내며 사람의 눈을 잡아끈다.

오른쪽.
파티오와 길 중 어떤 걸 만들어야 할지 결론이 안 나는가? 그렇다면 둘 다 포함되게 하라.

대리석과 도자기 타일

원래 정원 바닥에 대리석을 쓰면, 그 즉시 격식을 갖춘 정원 분위기가 나게 된다. 대리석의 그 풍부한 색깔은 아주 작은 미니어처 정원에서도 빛을 발한다. 그에 비해 도자기 타일은 외양상 격식을 차리지 않은 가벼운 느낌을 주는데, 요즘 나오는 일부 도자기 타일들은 판석 느낌이 나고 또 왠지 모를 무게감도 느껴진다. 파티오 바닥용 소재와 화분 또는 정원 장식의 색깔을 잘 맞춰보라. 그러면 파티오의 분위기가 드라마틱하게 매혹적으로 변할 것이다. 무채색 바닥용 소재를 쓸 경우 파티오가 정원 속에 묻혀 버릴 것이고, 좀 더 밝은색을 쓰면 눈에 확 띄게 된다.

대리석과 타일은 1제곱피트(약 0.09제곱미터) 단위로 파는 경우가 많다. 일단 당신 집 차고부터 뒤져 보라. 그리고 혹 주방이나 욕실 리모델링을 하면서 남은 게 없나 잘 기억해보라. 쓰다 남은 대리석이나 타일이 없다면, 친구나 이웃이나 친척들에게 물어보라. 누군가 한두 조각 갖고 있다면, 아마 기꺼이 당신에게 기부할 것이다. 이리저리해도 구할 수 없다면, 재활용 건축 자재를 다루는 곳이나 중고품 할인점, 동네 타일 가게 등을 찾아가 보라. 설사 조금 구입을 해야 한다 해도, 보통은 그리 비싸지 않다.

왼쪽.
바닥 소재를 섞어 쓰면
더 눈길을 끈다.

오른쪽.
푸른 가문비나무Blue Spruce 묘목들이 다채로운 미니어처 정원에 자리잡고 있다.

판석

판석은 여러 가지 테마에 잘 어울린다. 석재 파는 곳을 찾아가 휘 둘러보면, 요즘에는 구할 수 있는 판석 종류가 많다는 걸 알게 될 것이다. 가장 널리 쓰이는 판석 종류는 화강암, 사암, 석회암 등이지만, 당신이 살고 있는 데가 어디냐에 따라 구할 수 있는 판석 종류가 더 많을 수도 있다. 석재 파는 곳이나 재활용품 전문점, 화원, 또는 실물 크기의 정원용 판석 파는 곳 등을 찾아가면, 언제든 더 잘게 잘라 쓸 수 있는 석재 조각 등을 구할 수 있다. 제일 좋은 건 현장에서 찾아낸 조그만 석재 조각이나 석재 더미 바닥에 떨어져 있는 돌 가운데 쓸 만한 걸 찾아내는 것인데, 그러지 못할 경우 소량만 구입하도록 하라. 어떤 주인들은 돈을 받지 않으며, 설사 돈을 받는다 해도 얼마 하지 않을 것이다.

대부분의 판석은 그 크기나 모양이 들쭉날쭉하므로, 파티오 바닥에 깔 수 있는 가장 편평한 것들을 고르도록 하라. 판석들을 살짝 눌러 미니어처 정원 흙 속에 집어넣고 돌들을 적당한 위치에 놓은 뒤, 판석 사이의 빈 공간들은 가볍게 흙을 밀어 채워 넣으면 된다. 한쪽에서부터 다른 쪽까지 꼼꼼히 작업을 하되, 파티오 바닥 전체의 판석들이 일정한 간격을 유지하도록 해야 한다. 작업이 끝나면, 돌들 사이의 빈 공간은 흙을 쓸어 메워 넣고, 분무기로 파티오 바닥 전체에 물을 뿌려 흙이 제자리를 잡게 하고 돌들에 묻은 흙도 털어낸다.

왼쪽.
대리석에 잘 어울리는 판석들을 깔아 멋진 오솔길을 만들어보라.

오른쪽.
'저비스Jervis' 캐나다 솔송나무가 세 가지 다른 판석들에 둘러싸여 있다.

미니어처 벽돌

미니어처 벽돌은 조그만 정원에 아주 제격이다. 그 벽돌들을 그물처럼 구멍이 난 시트에 끼워 바닥에 깔면, 벽돌 특유의 따뜻한 테라코타 색과 익숙한 모양 때문에 누구나 금방 친근하고 편안하게 느낄 것이다. 시트에 끼워 쓰는 벽돌들은 고온에 구워내 아주 강하며 저온에 구운 낱개짜리 벽돌보다 실외에서 훨씬 오래간다. 또한 테라코타 벽돌들은 강추위가 지속되면 금이 가고 부서지지만, 짧게 잠깐씩 찾아오는 강추위에는 손상을 입지 않는다.

미니어처 전문 매장에서는 많은 종류의 벽돌 시트들을 판다. 진짜 테라코타 벽돌을 달라고 하라. 그러나 순수한 테라코타 벽돌은, 지역에 따라 정원에 따라 비바람에 퇴화되는 정도가 다르다. 푸석푸석한 미니어처 벽돌은 저온에서 구워내 바로 위에서 쏟아지는 물에 몇 개월 견디질 못한다. 그래서 푸석푸석한 미니어처 벽돌은 실내에서 쓰는 게 가장 좋다. 그래야 벽돌에 직접 물이 닿지 않게 화분 가장자리 쪽에서 살살 꽃나무에 물을 줄 수 있기 때문이다. 오래 써서 비바람에 닳은 느낌을 주기 위해 중고 모조 벽돌을 쓸 수도 있다.

진짜 테라코타 벽돌 시트는 1인치 스케일로만 구입할 수 있으며, 아주 튼튼한 주방 가위로 잘라 쓰면 된다. 여러 패턴의 테라코타 벽돌을 배열하고 구부러진 공간에 잘 맞춰 벽돌 시트를 잘라 쓰며 벽돌 경계선을 따라 파티오 바닥을 다듬어 세련된 모양을 만들어낼 수도 있고, 아니면 여러 형태의 조약돌과 판석을 이용해 정원 디자인에 다양성을 줄 수도 있다.

왼쪽.
중고 모조 벽돌을 섞어 쓰면 더 고풍스러워지고, 더 눈길도 끌게 된다.

오른쪽.
파티오 색깔에 변화를 주고 화분 및 식물, 액세서리 등과 잘 조화시켜보라.

∗ Breaking up is (not) hard to do

돌 쪼개기,
어려울 수도 있고
쉬울 수도 있다

너무 큰 대리석이나 도자기 타일, 판석 조각들을 미니어처 정원에 맞는 크기로 만드는 일은 재미도 있고 긴장을 푸는 데 도움이 되는 일일 수도 있지만, 자칫 주변에 위험과 피해를 안기는 일일 수도 있다. 끌이나 망치를 이용해 그 돌들을 쪼개다 보면, 이리저리 파편이 날아가 사람이나 자동차, 반려동물 등에 상처를 입힐 수 있기 때문이다. 그처럼 파편이 튀는 걸 돈을 안 들이고 간단히 막으려면, 커다란 판지 상자를 구해 뚜껑을 연 상태로 옆으로 눕혀 놓고 작업을 하면 된다. 그러니까 박스 앞에 앉아 열린 뚜껑을 방패 삼아 작업을 하면, 돌 파편들이 박스 밖으로 튀어 왁스칠까지 새로 해 반짝반짝한 당신 자동차로 날아가는 걸 막을 수 있다.

두어 가지 이유 때문에 콘크리트 차고 바닥은 대개 돌을 쪼개기 가장 좋은 장소 중 하나이다. 무엇보다 우선 돌 깨는 작업을 하려면 딱딱한 표면이 필요하기 때문이다. 그런 점에서는 벽돌이나 돌, 콘크리트 지하실 바닥, 차고 진입로나 보도 블럭의 귀퉁이도 추천할 만하다. 예를 들어 나무로 짠 화분 받침처럼 바닥이 부드러운 데서 돌 쪼개는 작업을 할 경우 돌이 너무 통통 튀어오른다. 쪼개려 애써도 잘 쪼개지지도 않을 것이다. 딱딱한 바닥에서 작업을 해야 하는 두 번째 이유는 쪼개려는 돌 위에 올라앉을 수 있고 또 돌에 끌을 대고 망치를 내리칠 때 중력을 이용해 망치질에 탄력을 붙일 수 있기 때문이다. 이런 작업이 너무 어렵게 느껴진다면, 망치질할 때 손을 내리치지 않게 손잡이 위쪽에 안전장치가 부착된 끌을 구입하도록 하라. 특히 망치질 경험이 많지 않은 사람의 경우 꼭 권하고 싶다.

먼저, 안면 가리개를 하고 한쪽 무릎을 꿇은 채 발가락으로 쪼개려는 타일이나 대리석 등을 꽉 밟아 고정시킨다. 끌과 망치를 이용해 타일이나 대리석을 쪼갠 뒤 모서리 각진 부분들을 끌질해 다듬는다. 실물 크기의 파티오 바닥용 돌들에도 날카롭게 각진 부분들은 없어야 한다. 그러므로 그런 부분이 있으면 즉시 없애도록 하라.

망치는 빠른 속도로 단 한 번 때려 원하는 부분 근처를 쪼개야 한다. 대리석은 대개 원하는 대로 잘 쪼개지지만, 가끔은 끌 한쪽 모서리를 이용해야 할 경우도 있다. 또 어떤 대리석은 쉽게 깨지지 않는데, 그럴 때는 망치머리의 모서리로 때리도록 하라. 끌을 이용하면 타일이나 대리석의 손상이 최소화되지만, 망치머리 모서리를 이용하면 보다 큰 흔적이 남게 될 것이다. 그 흔적은 눈에 확 띌 수도 있는데, 시간이 지나면 잘 보이지 않게 된다. 도자기 타일은 버터처럼 부드럽게 잘 쪼개진다.

대리석과 타일 조각들을 진짜 파티오 대리석이나 타일처럼 보이게 하려면 그것들을 전부 거의 같은 크기로 만들면 된다. 대리석이나 타일들을 모두 정확히 원하는 모양대로 쪼개는 일은 불가능하다 해도 비슷한 크기로 만드는 건 가능하다. 1인치 스케일의 미니어처 정원에는 약 1.5제곱인치 크기의 대리석이나 타일이 이상적이다. 1/2인치 스케일에서는 1제곱인치(너비가 1인치인 정사각형 넓이) 이하로 만들도록 하라. 가장 작은 조각들은 1/4인치 스케일의 정원이나 테라리움에 쓰면 좋다.

파티오의 후미진 곳은 당신의 미니어처 정원에 신비스러움을 더해준다.

돌 시트와 모자이크 시트

벽돌 시트와 마찬가지로, 돌 시트 역시 그물처럼 구멍들이 난 시트 안에 돌들을 집어넣어 한 번에 많은 돌을 깔 수 있게 되어 있다. 원래 실물 크기의 욕실이나 주방에 악센트를 주기 위한 용도로 만들어진 것이지만, 조금만 손보면 얼마든지 미니어처 정원에도 쓸 수 있다. 적당한 모양과 크기로 잘라내 설치하기 쉽게 되어 있으며, 따분한 작업 없이도 원하는 파티오 돌바닥을 만들 수 있다. 규모가 큰 철물점이나 미니어처 정원 전문점에 가면 다양한 컬러와 질감의 시트들을 구할 수 있다.

위.
부드러운 미니어처 돌들이 시트지 형태로 나와, 손쉽게 원하는 모양과 크기로 잘라 쓸 수 있다.

아래.
모서리가 둥근 매끄러운 돌들이 깔린 파티오는 액세서리를 필요로 할 수도 있고 그렇지 않을 수도 있다.

유리

모서리를 잘 갈아낸 유리는 파티오에 깊이를 더해주는데, 이는 실물 크기의 정원에선 흔히 볼 수 없는 것이지만, 다양한 색깔을 사용할 수 있어 환상적인 분위기의 미니어처 정원을 만드는 데 도움이 된다. 유리 소재의 또 다른 장점은 햇빛에도 절대 색깔이 바래지 않아 더운 기후에도 마음 놓고 쓸 수 있다는 것이다. 중요한 것은 당신이 쓸 유리는 깨진 유리 조각들이 아니라 모서리를 잘 갈아낸 유리 조각들이라는 것이다. 깨진 유리 조각의 모서리는 아주 날카롭기 때문에, 모서리를 잘 갈아내야 안전하게 다룰 수가 있다. 당신이야 당신이 만든 미니어처 파티오 바닥 유리 조각들의 날카로운 모서리를 조심하면 되겠지만, 이웃집 갓난아기는 다칠 수도 있는 것이다.

재활용품점이나 유리용품점, 공예품점, 또는 일부 화원에 가면 모서리를 갈아낸 다양한 색깔의 유리들을 살 수 있다. 플로리스트들도 가끔 꽃병 안에 그런 유리들을 깔기도 한다. 파티오 바닥에 깔 수 있는 한쪽 면이 평평한 유리를 고르도록 하라. 그리고 모든 유리 조각들은 서로 높이를 맞춰주어야 한다.

미니어처 정원은 현실성이 있어야 하지만, 특히 파티오 작업에 관한 한 이런저런 변화를 주면서 즐겨도 좋다. 그 비결은 실물 크기의 정원에서는 맞지 않는 특성들을 전체 테마 속에 잘 녹아들게 만드는 데 있다. 색깔은? 서커스나 생일 파티 같은 테마를 선택해보라. 어떤 특정 색깔을 좋아하는가? 그렇다면 파티오에 좋아하는 그 색깔을 사용해보라.

위.
파티오 같기도 하고 길 같기도 한 푸른색 유리 바닥이 꽃나무들을 두 구역으로 나눠주고 있다.

아래.
불투명한 초록색 유리를 쓰면 아주 매혹적인 미니어처 인공물이 탄생된다.

미니어처 조약돌

작은 조약돌을 미니어처 정원에 쓰면 곧 조금 큰 조약돌처럼 보인다. 또한 조금 큰 조약돌은 제법 큰 자갈처럼 보인다. 조약돌은 수족관, 원예용품점, 꽃집, 공예용품점, 온라인 매장 등에서 구할 수 있다. 바닷가나 기타 휴가지 등에서 주워 집에 가져올 수도 있다. 모형 철로 판매점에 가면, 철로의 수평을 잡는 데 쓰는 미니어처 회색 자갈들을 살 수 있다. 조약돌의 크기는 정원 크기를 보여주게 되므로, 만들려고 하는 정원 스케일을 미리 결정해놓는 것이 편하다. 미니어처 조약돌들을 깔려는 곳의 크기에 맞게 자른 스크린도어 그물망을 바닥에 펴놓고 작업하는 것이 일을 쉽게 할 수 있는 요령이다. 그렇게 하면 조그만 조약돌들이 흙 속에 파묻히는 걸 막을 수 있고, 조약돌들에 흙이 묻지 않은 상태로 깨끗이 유지되며, 나중에 정원을 다시 손봐야 할 때도 편하다.

당신의 테마에 맞는 조약돌을 고르라. 겉이 매끄럽고 둥그스름한 분홍색, 크림색, 갈색 조약돌들은 평화로운 분위기를 만들어내는 데 좋다. 밝은 암청색 조약돌을 깔고 흰색과 빨간색으로 악센트를 준 파티오는 미국 독립 기념일 정원 분위기를 내는 데 그만이다. 검은색과 흰색이 점점이 박힌 화강암 조각들을 바닥에 깔 경우, 실물 크기의 정원은 물론 미니어처 정원에도 격식을 갖춘 우아한 분위기가 연출된다.

초록색과 갈색 빛이 도는 조약돌들이 꽃 모양이 새겨진 장식용 돌과 멋진 조화를 이루고 있다.

모든 걸
꽉 잡아 두어라

흔히 미니 파티오 믹스라 불리는 미니어처 파티오용 특수 건조 시멘트 혼합물을 사용할 경우 영구적인 파티오를 만드는 것도 가능하다. 이 시멘트 혼합물은 건조한 상태에서 바닥에 깔 수 있기 때문에, 물을 뿌려 시멘트를 굳히기에 앞서 시간 여유를 갖고 이것저것 조정을 해 원하는 파티오를 만들 수 있다. 일반적인 시멘트는 너무 부피가 크고, 표준적인 실외용 회반죽은 너무 표면이 매끌매끌해 현실감이 떨어진다. 보다 중요한 건, 시멘트건 실외용 회반죽이건 모두 젖은 상태에서 다뤄야 하는데, 그것은 우리가 하려는 작업에서는 큰 걸림돌이 된다. 젖은 상태의 시멘트 혼합물의 경우, 굳어지기 이전에 돌 같은 것들을 밀어넣어야 하는데, 그 결과 파티오 표면이 울퉁불퉁해진 상태로 굳어지게 된다. 그러나 건조한 상태의 시멘트 혼합물의 경우, 시간 여유를 갖고 기분 좋게 마음대로 모양을 만들어볼 수 있다. 벽돌 시트나 돌 시트를 이 같은 특수 건조 시멘트 혼합물에 넣어 굳히면, 최소 몇 년을 쓸 수 있으며 물을 주거나 비가 올 때도 쓸려 내려가지 않는다.

가능하면 파티오 바닥 작업을 하기 전에 먼저 화단에 꽃나무를 심도록 하라. 대부분의 건조 시멘트 혼합물은 완전히 말리는 데 여러 날이 걸려, 꽃나무들을 다 심고 파티오를 만들 경우 단 하루 오후 시간에 정원 만드는 일을 모두 끝낼 수 있으며, 파티오 바닥이 마르는 동안 미니어처 정원 전체를 감상하며 즐길 수 있다.

파티오를 만들고
시간이 지나면

당신의 미니어처 정원을 무엇으로 만들든, 결국 모든 것은 시간이 지나면 고색창연해진다. 그건 또 그것대로 즐기도록 하라. 이끼가 자라 모든 틈새들을 메우게 내버려두고, 화단의 꽃나무들이 경계선을 넘어가게 내버려두라. 그 결과 오히려 사실감과 현실감이 더해질 것이다. 그게 아니라면, 언제든 그림 그릴 때 쓰는 붓을 빗자루처럼 이용하고 손톱 관리용 가위를 꽃나무 깎는 가위로 활용해. 정원이 늘 같은 상태를 유지하도록 손질해줄 수도 있다.

왼쪽.
파티오와 돌들은 늘 깨끗한 상태로 유지할 수도 있고, 주변 정원과 자연스레 어우러져 고색창연하게 변하게 내버려 둘 수도 있다.

오른쪽.
시멘트 혼합물인 미니 파티오 믹스는 돌들을 강력히 잡아두어 영구적인 형태를 만들어준다.

미니어처 정원에 적절한 식물들

이것은 조그만 세계이다

미니어처 정원에 심을 식물들을 찾기 시작하면, 완전히 새로운 세계의 식물들을 발견하게 된다. 실물 크기의 정원을 가꾸고 있는 사람이라면 보다 작은 스케일에서 자라는 식물들을 보며 뭔가 배우는 게 있을 것이다. 그리고 초심자라면 조그만 식물들이 의외로 그 종류가 많다는 사실에 놀라게 될 것이다.

이 아늑한 풍경에
필요한 것은
시원한 아이스티 한 잔과
당신뿐이다.

실물 크기 정원의 경우도 그렇지만, 미니어처 정원 가꾸기의 경우 역시 더 많은 걸 알게 되면 될수록 정원 가꾸기의 기술 수준 및 취향도 변하게 되고, 그러다 보면 당신이 좋아하는 미니어처 식물들 역시 바뀌게 된다. 성장 속도, 잎 크기, 관리의 용이성 등이 모두 중요한 고려 대상이지만, 고정불변의 원칙은 없다. 예를 들어 1년에 최소 3인치(약 7.5센티미터)씩 자란다고 알려진 나무도 그늘진 집 뒤쪽 베란다에서는 1년에 1인치(약 2.5센티미터)밖에 안 자랄 수도 있다. 그리고 실물 크기의 정원 가꾸기의 경우도 마찬가지지만, 미니어처 정원 가꾸기의 경우에도 아주 많은 변수가 있다는 걸 알게 될 것이다. 그 때문에 미니어처 정원 가꾸기는 끊임없는 발전을 경험하게 되는 취미이다.

찾아야 할 것들

식물 관련 용어 중에 '미니어처'라는 말은 식물의 크기보다는 식물의 성장률과 관련된 말이다. 미니어처 식물이라면 1년에 1인치(약 2.5센티미터) 이내로 자라며, 10년 후 최소 높이가 6~10인치(약 15~25센티미터), 여러 해가 지나도 최대 높이와 너비가 3피트(약 90센티미터)를 넘지 않는다는 뜻이다.

스케일과 성장 속도를 염두에 두고 식물과 화분을 선택할 경우, 미니어처 정원은 여러 해 동안 갈 수 있으며, 그 다음에 뿌리를 내려 분갈이를 해줄 필요가 생기게 된다. 화분 안이 아니라 땅에 직접 심을 경우, 첫해에 자리를 잘 잡으면 따로 관리할 필요도 별로 없어, 1주일에 몇 분 정도만 돌봐주면 된다. 이는 실물 크기 정원의 경우 가끔 몇 시간씩 관리해주어야 하는 것과 좋은 대조가 된다. 또한 천천히 자라는 식물들은 계속 작은 상태로 있어 시간이 지나도 서로 어울려 잘 살 수 있으며, 그 결과 미니어처 정원의 수명까지 늘려준다. 그리고 일단 미니어처 정원이 오랜 세월 비바람이나 바람에 노출되다 보면, 당신이 꿈꾸던 매력이나 고풍스런 분위기를 띠게 되는 경우가 많다.

잎 크기는 미니어처 정원의 식물을 고를 때 반드시 고려해야 하는 아주 중요한 요소이다. 예를 들어 어린 피커스 나무들은 대개 놀랄 정도로 몸통은 작고 가지는 무성하다. 그러나 미니어처 정원에서 주변 식물이나 액세서리들의 스케일과 맞지 않을 경우 잎들이 너무 커 보일 수 있다. 나무 몸통 크기나 줄기, 잎사귀, 솔잎, 나뭇가지 등, 모든 것이 서로 비례가 맞아야 한다. 그저 무조건 작은 식물이라고 해서 미니어처 식물로 좋은 건 아닌 것이다. 실물 크기의 식물들을 그대로 빼다 박은 변종들을 찾아보라.

관리의 용이성 또한 대부분의 사람들에게 중요한 고려 대상이다. 만일 정원에 빨리 자라는 식물들이 너무 많이 심어져 있다면, 여름철에 그 식물들이 빨리 자라면서 온갖 문제가 발생할 수 있다. 하루 이틀만 물 주는 일을 소홀히 해도 미니어처 정원이 바싹 말라버려 되살릴 수 없게 되는데, 그 모든 게 애초에 너무 많은 식물을 심었기 때문이다. 처음부터 식물 관리 문제를 염두에 둔다면, 나중에 실망하게 되는 일을 막을 수 있을 것이다.

위.
다양한 난쟁이 식물들이 돌로 만든 길을 아름답게 장식하고 있다.

아래 왼쪽.
백정화 나무에 열린 조그만 꽃이 바닥에 있는 돌에 새겨진 꽃 모양과 비슷해보인다.

아래 오른쪽.
줄지어 늘어선 다양한 색깔과 질감의 식물들이 자신에게 맞는 미니어처 정원을 기다리고 있다.

난쟁이 구상나무는 조그만 화분에
인기 있는 식물이다.

오솔길과 파티오 주변에 있는 조그만
긴병꽃들이 매력적인 경계를 만들고 있다.

진짜 미니어처 나무들

제대로 된 미니어처 형태의 나무와 관목들은 대개 보다 작거나 짧은 스케일의 특유의 잎들을 갖고 있다. 미니어처 식물들은 원래부터 성장이 억제되어, 잎도 더 작고 성장 속도도 더 느리다. 이 미니어처 식물들은 나무 모체 어느 부분에서 성장이 새로 시작되거나 왜곡되는지에 따라 돌연변이mutant, 스포츠sport, 또는 마녀의 빗자루witch's broom라고 부른다. 미니어처 나무는 자라기는 하지만 시간이 오래 걸린다. 그리고 바로 그렇게 성장이 더딘 특성을 우리가 이용하는 것이다.

예를 들어 숲에서 볼 수 있는 키 150피트(약 4.5미터)의 알버타 가문비나무의 경우는 '진의 딜리' 가문비나무라는 미니어처 버전이 있다. 이 나무는 높이 6피트(약 180센티미터)에 도달하는 데 20년 정도 걸린다. 미니어처 정원용 나무는 실물 크기의 큰 나무와 똑같은 미니어처 버전이 가장 이상적이다. 그 미니어처 나무는 우리가 평소 보던 실물 크기의 나무와 똑같아, 어떤 스케일에서도 그게 어떤 나무인지를 금방 알아볼 수 있기 때문이다.

미니어처 버전이 있는 또 다른 나무의 좋은 예는 노송나무(편백)이다. 실물 크기의 일부 노송나무는 1년에 약 1피트(약 30센티미터)씩 자라, 최종적으로 높이 65피트(약 19미터)에 너비 16피트(약 4.8미터)에 이른다. 그에 비해 진짜 미니어처 변종들은 1년에 0.5인치(약 1.25센티미터)씩 자라 최종적으로, 높이 2피트(약 60센티미터)에 이른다. 그러니까 24인치(약 60센티미터)까지 자라는 데 48년이나 걸리는 셈이다. 미니어처 정원의 경우, 그렇게 늦은 성장 속도를 몇 년간 최대한 잘 활용하는 것이다.

왼쪽.
'엘리 B' 노송나무는 진짜 미니어처 나무이다.

오른쪽.
늘 식물의 성장 속도를 눈여겨보고 진짜 미니어처 정원 식물인지를 확인해야 한다.

난쟁이 나무와 관목들

원예업계에서 아주 널리 쓰이는 '난쟁이'라는 용어는 무슨 식물 이름으로 오해하는 경우가 많지만, 실은 연간 1인치(약 2.5센티미터)에서 6인치(약 15센티미터)까지의, 느리게 성장하는 나무를 뜻하는 말이다. 미니어처 정원에서 연간 6인치라면 굉장한 것으로, 그렇게 빨리 자라는 난쟁이 나무는 곧 미니어처 정원에는 어울리지 않는 큰 나무가 되어버린다. 그래서 연간 2~3인치(약 5~7.5센티미터) 이상 자라지 않는 난쟁이 나무와 관목을 찾도록 해야 한다.

식물 소매업자들은 작고 귀여운 것들이 잘 팔린다는 걸 잘 알고 있다. 그래서 마케팅을 목적으로 식물 이름을 짓는 경우가 많아, 원예업계에서 난쟁이는 작다는 뜻으로, 작다는 것은 귀엽다는 뜻으로 해석이 된다. 그러나 원예학적 관점에서 볼 때 그런 이름들이 늘 정확한 것은 아니다. 그래서 늘 식물의 학명에 주목해야 하며, 식물 꼬리표나 식물 정보에 나오는 성장 속도를 잘 살펴봐야 한다. 정원사들이 식물들의 일반적인 이름보다 학명에 더 주목하는 이유가 바로 이 때문이다. 식물 재배자들이 식물을 빨리 팔고 싶어 이런저런 이름을 붙여 사람들을 현혹시키는 경우가 많기 때문이다.

왼쪽.
이 '자미Jamy' 발삼 전나무의 솔잎은 보다 큰 실제 침엽수의 솔잎을 닮았다.

오른쪽.
식물에 대해 설명해놓은 꼬리표를 잘 살펴 성장 속도와 식목에 필요한 주요 정보를 확인하라.

분재용 나무들

분재는 수 세기 전 중국에서 시작된 미니어처 정원 가꾸기의 한 형태로, 미니어처 취미가 어제 오늘 생긴 새로운 것이 아니라는 걸 보여주는 증거이기도 하다. 초심자들은 자신의 땅 한 구석에 분재용 나무들을 심는 걸 생각하기도 하는데, 분재를 키우는 것과 미니어처 정원을 가꾸는 건 엄연히 다른 일이라는 걸 알 필요가 있다.

분재용 나무들은 그 뿌리를 얕은 화분에 맞춰 잘라냄으로써 작게 자라게끔 훈련된다. 그렇게 화분에 맞춰 짧아진 뿌리는, 본체를 향해 살아남기 위해서는 조그만 상태로 머물러 있어야 한다는 메시지를 보낸다. 뿌리와 흙을 통해 받아들이는 영양분도 제한되기 때문에, 분재용 나무는 계속 영양분을 제공해주고 돌봐주어야 한다. 만일 그런 분재용 나무를 미니어처 정원용으로 쓰려고 일반적인 화분으로 옮겨 심는다면, 처음 한동안은 괜찮아 보이지만 갑자기 너무 넓은 뿌리 공간이 생기면서 죽어버릴 수도 있다. 게다가 분재용 접시에 있을 때처럼 수분이 계속 머물러 있지 않고 흙 속으로 다 빨려 들어가버려, 뿌리를 통해 수분을 흡수하지 못하게 된다.

또한 본체를 향해 조그만 상태로 머물러 있으라는 메시지를 보내는 게 짧게 잘린 뿌리라는 걸 잊지 말아야 한다. 그래서 그런 분재용 나무를 갑자기 보다 깊고 영양분 많은 흙 속에 옮겨 심을 경우, 원래 상태의 큰 나무로 자라게 될 수도 있다.

그럼 어떤 식물이 미니어처 정원에 적합한지 아닌지를 어떻게 알 수 있을까? 그간 나는 한 계절도 못 넘겼다는 미니어처 정원 얘기를 자주 들었다. 미니어처 나무인지 알고 심었는데 알고 보니 그게 아니었다는 것이다. 처음에는 괜찮아 보였고 정원 풍경에도 잘 어울리는 것 같았는데, 한 계절도 지나기 전에 화분이 감당 못할 만큼 크게 자라버린 것이다. 분재용 나무와 식물들은 미니어처 나무나 난쟁이 나무의 특성을 갖고 있어 크게 자라지 않으리라는 확신을 갖고 키울 수 있는 것들이다.

난쟁이 식물들을 잘 가꾸고 훈련시키면 분재 효과를 낼 수 있다.

✱ 미니어처 정원에 분재를 사용하는 방법

당신이 만일 진정 분재를 미니어처 정원에 쓰고 싶다면, 분재 화분을 통째로 미니어처 정원 화분에 집어넣도록 하라. 분재 화분을 통째로 말이다. 분재 화분을 원래 흙 높이까지 미니어처 정원 흙 속에 파묻도록 하라. 이때 나무 밑동의 뿌리는 묻지 말고 밖으로 노출시켜야 보기가 좋다. 그런 다음 처음 몇 주일 간은 그 분재에 어느 정도의 물을 주어야 적절한지 아주 세심히 지켜봐야 한다. 아마 화분 안에 화분을 넣은 경우라 물은 이전보다 덜 필요할 것이다. 또한 분재에 이상은 없는지 그 징후를 잘 살펴야 한다. 잎사귀나 솔잎들이 갈색으로 변하면 너무 물을 많이 주었다는 뜻이고, 잎사귀들이 시들면 물이 부족하다는 뜻이다.

일반적인 분재용 나무의 경우와 마찬가지로, 미니어처 정원에 심은 분재용 나무는 주기적으로 파내 뿌리를 쳐주어야 한다. 또한 분재 재배 지침에 따라 뿌리도 쳐주고 가지들을 철사로 엮어주는 등 잘 관리해주어야 한다. 달라지는 유일한 것은 물을 주는 방법이다. 실물 크기의 정원 가꾸기의 경우와 마찬가지로, 분재 화분의 수분 함유량을 알 수 있는 가장 좋은 방법은 손가락을 화분 흙 속에 찔러보고 해당 식물의 재배 지침을 따르는 것이다.

이 분재용 나무는 미니어처 정원의 일부로 화분째로 더 큰 화분 속에 심어졌다.

얘, 아가야!

가정용품 및 원예용품 취급 센터의 꽃 판매 구역에서는 너비 2~4인치(약 5~10센티미터)의 화분에 어린 식물(미니어처 식물이 아니라)을 심어 파는 경우가 많은데, 아주 작고 귀여워 사고 싶은 마음이 절로 든다. 그 식물들에는 식물 이름과 성장 속도 등이 적힌 꼬리표가 붙어 있을 수도 있고 그렇지 않을 수도 있다. 식물 이름과 성장 속도를 알고 그에 맞춰 신경 써서 기른다면, 어린 식물들도 미니어처 정원에서 기를 수는 있다. 그러나 소위 말하는 이 어린 식물들은 워낙 빨리 커버릴 수 있으며, 그래서 한 계절이 가기도 전에 미니어처 정원 식물들을 죄다 다시 옮겨 심어야 할 수도 있다는 것을 알아야 한다.

허브는 허브일 뿐

어린 허브는 그저 어린 식물을 미니어처 식물로 잘못 보기 쉽다는 걸 보여주는 좋은 예이다. 너비 4인치(약 10센티미터)의 조그만 화분에 담겨 있는 허브들을 보면 풍부한 질감에 아름다운 색깔들을 갖고 있는데다 종종 그 향까지 좋아, 미니어처 정원에 심고 싶다는 유혹을 느끼게 만든다. 그러나 속지 마라. 어린 세이지 허브는 아주 사랑스런 조그만 바나나 야자나무처럼 보일 수 있으나, 첫 계절에만 적어도 높이와 너비 각각 12인치(약 30센티미터)까지 자랄 수 있다. 아주 작은 로즈메리 허브는 미니어처 관목과 비슷해보일 수도 있지만, 자연 상태에서 높이와 너비 각각 4피트(약 120센티미터)까지 자란다. 어린 허브들은 여름이 채 반도 지나기 전에 네 배 이상 자랄 수 있으므로, 미니어처 화분이 아니라 여유 공간이 있는 땅에 직접 심어야 하며, 그래야 마음껏 자랄 수 있다.

왼쪽.
이 조그만 '루윗Loowit' 일본 솔송나무의 경우, 새로 나온 옅은 새 솔잎들과 오래된 짙은 솔잎들이 멋진 대조를 보이고 있다.

오른쪽.
보라빛 타임 허브가 아래쪽 미니어처 돌 건축물과 더없이 잘 어울린다.

식물의 종류

실물 크기든 미니어처 크기든 관계없이, 나무와 관목들의 잎은 대개 그 모양에 따라 잎이 넓은 상록수, 잎이 넓은 낙엽수, 그리고 침엽수로 나뉜다. 당신이 침엽수의 솔잎을 좋아하든, 상록수의 잎을 좋아하든, 아니면 색색깔의 가을 잎을 좋아하든, 신중하게 식물 선택을 잘하면 미니어처 정원의 분위기가 확 살아나게 된다.

실외 미니어처 정원에 쓰게 될 나무와 관목의 종류는 이처럼 대략적인 분류법 내에서 거의 다 다룰 수 있다.

왼쪽.
이 보라색 꽃들은 크기는 작을지 몰라도 시각적으로 아주 강력한 효과를 낸다.

오른쪽.
식물들을 땅에 직접 심은 이 정원은 거닐 수 있는 공간도 조금 나온다.

잎 넓은 상록수

이 식물들은 소나무 등의 뾰족한 솔잎과는 반대로 널따란 잎을 갖고 있다. 상록수란 말 속에는 가을에도 계속 잎이 붙어 있어 1년 내내 푸른 상태를 유지한다는 뜻이 들어 있다. 이런 종류의 식물은 당신의 정원에 풍부한 질감을 더해준다. 잎이 넓은 상록수와 침엽수를 섞어 키워보라. 그러면 전문가가 디자인한 것처럼 식물들 사이에 자연스레 색깔의 조화와 보완이 이루어질 것이다.

잎 넓은 낙엽수

낙엽수는 가을에 잎들이 떨어지고 겨울에 휴면 상태에 들어간다. 실물 크기의 정원에서 기르는 낙엽수는 대부분 잎이 넓다. 어떤 식물이 '잎 넓은 낙엽수'로 확인되면, 당신은 그 식물의 특징과 모양과 관련된 여러 의문에서 즉시 해방될 수 있을 것이다.

미니어처 정원이 계절별로 변하는 걸 지켜보는 것은 정말 황홀한 일이다. 특히 다른 식물들은 다 푸른 상태에서 낙엽 지는 나무 및 관목들이 계절별로 변화할 때면 그 아름다움이 배가된다. 그러니 식물을 고를 때는 낙엽수 및 관목들과 상록수들의 몸통 및 줄기 색깔 사이에 서로 조화와 보완이 이루어지게 하라.

왼쪽.
상록수 잎들 덕에 후미진 장소까지 1년 내내 생기가 돈다.

중앙.
조팝나무는 밝고 활기찬 잎을 갖고 있으며 또 솜털 같은 분홍색 꽃들을 피운다.

오른쪽.
조그맣고 하얀 꽝꽝나무 꽃들은 늘 푸른 잎들을 배경으로 더없이 아름다워 보인다.

진짜 미니어처 침엽수와 난쟁이 침엽수

침엽수는 솔방울이 달리는 나무이다. 또한 침엽수는 세상에서 가장 많은 나무 종이기도 하며, 가장 큰 나무와 가장 작은 나무들도 다 침엽수이다. 침엽수는 생명력이 강하고 적응력도 좋으며 색깔도 다양하고 자라나는 패턴과 모양도 다양하다. 그리고 다행히도 최근 몇 년간 원예가들은 미니어처 침엽수의 아름다움을 새삼 발견해왔는데, 미니어처 침엽수는 그 모양이 실물 크기의 나무와 아주 똑같아 미니어처 정원에 더없이 잘 맞는다.

미니어처 정원에 심은 침엽수는 작은 스케일에서도 당당한 나무의 모습을 보여주는데, 어느 정도 자란 후에는 특히 더 그렇다. 요즘에는 구할 수 있는 미니어처 침엽수의 종류도 많으며, 그것들을 가지고도 얼마든지 실물 크기의 침엽수 분위기를 낼 수 있다. 그러나 앞서 말했듯 주의해야 할 것이 있다. 아주 천천히 자라는 진짜 미니어처 침엽수와 어린 침엽수는 분명히 구분해야 한다는 것. 예를 들어 어린 푸른 가문비나무는 씨앗 상태에서 자라는 데 몇 년이 걸리기도 하지만, 일단 어느 시점에 도달하면 성장 속도가 놀랄 만큼 빨라진다. 물론 미니어처 정원에서 잘 자라는 것은 꾸준히 천천히 자라는 진짜 미니어처 침엽수이다. 요즘에는 구할 수 있는 침엽수 품종이 아주 많지만, 키우는 곳의 기후에 따라 다 선택을 달리해야 한다.

침엽수는 다양한 미니어처 버전들이 있으며, 또 많은 이유 때문에 인기도 높다. 우선 적당한 장소에서 적당한 흙에 적당한 빛만 주어지면 아주 잘 자란다. 게다가 기후에 따라 선택할 수 있는 종류도 아주 많다. 또한 특히 너비 4인치(약 10센티미터)짜리 조그만 화분에 어린 침엽수를 처음 길러보는 초심자들의 경우 아주 기르기 좋다. 당신이 커다란 나무 한 그루가 기준점 역할을 하고 있는 뒤뜰 같은 미니어처 정원을 만들고 싶어 하든 아니면 조그만 숲을 만들고 싶어 하든, 침엽수들을 가지고 시작한다면 거의 늘 원하는 결과를 얻을 수 있을 것이다.

왼쪽.
당신이 어떤 색깔과 질감의
침엽수를 원하든, 거기에 맞는 게
있을 것이다.

오른쪽.
사람이 앉아 쉬는 자리가
상록수와 낙엽수에 적절히
둘러쌓여 풍성한 분위기가 난다.

나무를 키워보라

미니어처 정원 초심자는 조그만 나무 키우는 게 겁이 나 키 작은 지피 식물만 키우려 하는 경우가 많다. 나무 키우는 게 두려워 나무를 멀리하진 말라. 키 작은 지피 식물들만 가득한 정원에서는 나무가 서 있을 때 느낄 수 있는 그런 지속성 같은 걸 느낄 수 없다. 실물 크기의 정원에서와 마찬가지로, 당신이 미니어처 정원에 심는 나무와 관목들은 그 정원의 뼈대들이다. 나무와 관목 이외의 다른 것들은 모두 변한다. 정원 식물 군락의 하층부를 점하는 화초와 1년생 식물, 지피 식물, 다년생 식물 등은 모두 결국 나누고 다시 씨를 뿌리고 다시 기르고 치워버리거나 옮겨 심어야 하는 것이다. 그러나 나무와 관목들은 당신 정원의 디자인 안에서 계속 그 자리를 지키는 고정된 배경이다. 이 기준점들을 중심으로 계절별로 이런저런 식물과 액세서리를 마음껏 써볼 수 있는 것이다.

미니어처 나무를 심었을 때 좋은 점 또 하나는 단 2~3년이면 큰 나무 모양을 한 미니어처 나무를 볼 수 있게 된다는 것이다. 보다 굵어진 나무 몸통과 진짜 나무 같은 가지들, 그리고 무성한 잎들이 드리워진 그런 멋진 나무 말이다. 묘목장 같은 데서 흔히 보는 너비 4인치(약 10센티미터)짜리 화분에 심어진 어린 침엽수도 미니어처 정원에 심고 싶을 만큼 매력적이지만, 나이든 티가 나기 시작할 무렵의 침엽수는 그보다 훨씬 더 매력적이다. 사실 분재 전문가들이 보고 싶어 하는 침엽수의 모습도 바로 그런 모습이다.

침엽수는 가장 아래쪽 가지들을 쳐주어 나무 몸체만 좀 더 드러나게 할 경우, 어린 나무들까지도 당당한 모습을 띨 수 있다. 침엽수가 너무 크게 자라 미니어처 정원 화분이나 화단 안에서 키우기 어려워질 경우, 그 침엽수를 직접 다른 땅에 심거나 다른 화분으로 옮겨 더 큰 미니어처 정원을 만들 수도 있다.

왼쪽.
침엽수들의 경우, 봄이 오면 이 난쟁이 캐나다 솔송나무처럼 싱그러운 싹들이 돋아난다.

오른쪽.
침엽수들은 겨울에 생생한 빛깔을 띤다. 이런 색들을 겨울 '홍조 winter flush'라 한다.

미니어처 정원의 화초

실물 크기의 정원 안에는 여러 층의 푸른 잎들이 있고, 그래서 눈이 가는 곳마다 각 층의 매력을 느낄 수 있다. 예를 들어 맨 위층에는 큰 나무들이, 중간층에는 중간 높이의 관목들이, 그리고 땅바닥에서 가장 가까운 층에는 화초들이 각자 자신들의 푸른 잎을 자랑한다. 화초들은 나무와 관목들의 아래쪽 허전한 공간을 메워주고 미니어처 정원 전체에 풍미를 더해준다.

키 작은 지피 식물, 암석 틈새에 심는 식물, 미니 다육 식물, 다년생 식물, 천천히 자라는 잎 작은 덩굴 식물 등이 모두 미니어처 정원에 쓰일 수 있다. 이 식물들은 서로 아주 다른 식물들이지만, 다 자라도 계속 작은 상태를 유지할 수 있는 식물들에 속한다. 미니어처 정원 가꾸기의 장점 중 하나는 손이 많이 안 간다는 것이다. 그리고 늘 작은 상태로 있는 식물들과는 달리, 천천히 작게 자라는 식물들이 관리하기가 훨씬 쉽다. 예를 들어 '엘핀Elfin' 타임은 손이 많이 안 가는 지피 식물로 인기가 높은데, 그것은 이 식물이 기르기 쉬운데다, 작은 잎들이 땅바닥을 따라 두꺼운 양탄자처럼 서서히 퍼져나가 멋진 모습을 만들어내기 때문이다. 반면에 당신이 갖고 있는 정원이 미니어처 정원밖에 없다면, 즐거운 마음으로 관리에 더 많은 시간을 쓸 수도 있고 또 좀 더 자주 또는 적어도 계절이 바뀔 때 다른 식물들을 키워볼 수도 있을 것이다. 홍기린초Sedum 'dragons blood'는 봄에 싹이 나 줄기가 더 자란 뒤 이른 여름에 꽃을 피운다. 어떤 식물의 맨 꼭대기나 맨 아래 부분에서 새로 싹이 나는 게 보이면, 가지치기를 해줄 때가 된 것이다. 그렇게 해주면 더 단단한 관목이 되어, 그 이듬해 봄에 더 잘 자라게 된다.

왼쪽.
미니 데이지Bellium minutum가 활짝 만개할 경우, 조그만 데이지꽃들의 바다 같아 보인다.

오른쪽.
'플랫츠 블랙Platt's Black 브래스 버튼brass button'은 잎들의 색깔이 대조가 되어 눈길을 끈다.

식물들을 어디서 구할 것인가?

당신이 이제 처음 미니어처 정원 가꾸기에 대해 배우고 있는 거라면, 무엇이든 인근 원예용품점이나 묘목장에서 시작하는 게 좋다. 시간을 조금 내 원예용품점이나 묘목장에서 식물들을 구경하고 식물 꼬리표들도 읽고 식물 이름들을 머릿속에 익히도록 해보라. 괜찮은 원예용품점에는 대개 당신 사는 곳에 적합한 미니어처 식물들에 대해 잘 아는 직원들이 있다. 그리고 미니어처 정원 가꾸기 초심자들을 위한 강좌나 워크숍을 열고 있는 원예용품점도 있다. 잎 작은 지피 식물, 고산 식물, 암석 식물, 잎 작은 세덤류, 다육 식물, 미니어처 및 난쟁이 식물, 분재용 식물, 성장이 느린 식물 등등, 이미 미니어처 정원에 적합하다고 입증이 된 식물들을 찾도록 하라. 그리고 모든 원예용품점이나 묘목장이 미니어처 정원 식물에 대해 잘 아는 것은 아니므로, 사전에 미니어처 정원에 적합한 나무들을 메모지에 적어 가는 게 좋다.

만일 인터넷에서 식물을 구입하려 한다면, 언제나 평판 좋은 원예용품점이나 묘목장과 거래하도록 하라. 그리고 식물 사진을 비롯해 당신이 알고자 하는 정보를 모두 갖춘 업체여야 한다. 또한 주문하기에 앞서 자신이 받게 되는 게 어떤 식물인지를 정확히 알고 있어야 한다. 특히 온라인에서 구입할 때는 휴면 상태의 식물들을 사지 않도록 조심하라. 뿌리밖에 없는 이 식물들은 화분에서 보이지 않으면 그 존재조차 잊어버리기 쉽다.

너비 4인치(약 10센티미터)의 화분에 담긴 묘목장의 '화이트 피그미White Pygmy' 화백나무들이 손님을 기다리고 있다.

왼쪽.
일부 묘목장에는 아예 미니어처 화초나 난쟁이 화초를 파는 구역이 따로 있다.

오른쪽.
미니어처 식물은 워낙 많고, 시간은 너무 없다.

사물을 보는 관점의 변화

지금쯤 아마 당신은 평생 벗어나기 힘들 만큼 깊이 미니어처 정원 가꾸기의 매력에 빠져들고 있을 것이다. 또한 이제 앞으로 조그만 식물들을 볼 때는 예전과는 전혀 다른 관점에서 보게 될 것이다. 그래서 천천히 자라는 아네모네를 보면 멋진 미니어처 관목으로 키우고 싶고, 외롭게 서 있는 긴병꽃을 보면 미니어처 용설란처럼 키우고 싶어질 것이다. 이걸 잊지 말라. 실물 크기의 정원 가꾸기와 마찬가지로, 미니어처 정원 가꾸기 역시 뭐든 당신 나름대로 해석하고 가꾸어 당신만의 것으로 만들면 된다. 미니어처 정원 가꾸기는 더없이 좋은 성인 놀이로, 이 놀이의 변치 않는 규칙은 스스로 즐기면 된다는 것이다.

✱ 미니어처 정원에 적합한 식물들

	학명	일반적인 이름
햇빛을 필요로 하는 나무	Buxus sempervirens 'Graham Blandy' Chamaecyparis obtusa 'Baldwin Variegated' Chamaecyparis obtusa 'Chirimen' Chamaecyparis thyoides 'Top Point' Cryptomeria japonica 'Tansu' Juniperus communis 'Compressa' Juniperus communis 'Miniature' Picea glauca 'Pixie Dust' Pinus mugo 'Slowmound' Ulmus parvifolia 'Hokkaido'	'그레이엄 블랜디' 회양목 'Graham Blandy' boxwood '볼드윈 베리어게이티드' 난쟁이 편백 'Baldwin Variegated' dwarf hinoki cypress '치리멘' 난쟁이 편백 'Chirimen' dwarf hinoki cypress '탑 포인트' 편백 'Top Point' white cedar '탄수' 삼나무 'Tansu' Japanese cedar '컴프레사' 향나무 'Compressa' juniper '미니어처' 삼나무 'Miniature' juniper '픽시 더스트' 난쟁이 가문비나무 'Pixie Dust' dwarf Alberta spruce '슬로마운드' 무고소나무 'Slowmound' mugo pine '호카이도' 난쟁이 공주 느릅나무 'Hokkaido' dwarf princess elm
햇빛을 필요로 하는 관목	Chamaecyparis obtusa 'Glolden Sprite' Chamaecyparis obtusa 'Nana' Chamaecyparis pisifera 'White Pygmy' Cotoneaster integrifolius Juniperus horizontails 'Mother Lode' Picea glauca 'Blue Planet' Picea glauca 'Elf' Picea glauca 'Hobbit' Pinus mugo 'Michelle'	'골든 스프라이트' 난쟁이 편백 'Golden Sprite' dwarf hinoki cypress '나나' 난쟁이 편백 'Nana' dwarf hinoki cypress '화이트 피그미' 화백 'White Pygmy' sawara-cypress 작은 잎 섬개야광나무 small-leaved cotoneaster '마더 로드' 크리핑 향나무 'Mother Lode' creeping juniper '블루 플래닛' 난쟁이 알버타 가문비나무 'Blue Planet' dwarf Alberta spruce '엘프' 난쟁이 알버타 가문비나무 'Elf' dwarf Alberta spruce '호빗' 난쟁이 알버타 가문비나무 'Hobbit' dwarf Alberta spruce '미셸' 무고소나무 'Michelle' mugo pine
그늘에서 자라는 나무	Buxus sempervirens 'Variegata' Chamaecyparis lawsoniana 'Ellwoodii' Cupresus macrocarpa Euonymus japonica 'Microphyllus Variegatus' Ilex crenata 'Dwarf Pagoda' Ilex crenata 'Sky Pencil' Pieris japonica 'Brookside Miniature' Tsuga canadensis 'Moon Frost' Tsuga canadensis 'Jervis' Tsuga diversifolia 'Loowit'	얼룩덜룩한 회양목 variegated English boxwood '엘우디' 로손편백 'Ellwoodii' Lawson false-cypress 몬터레이 사이프러스 Monterey cypress 얼룩덜룩한 화살나무 variegated box-leaf euonymus '난쟁이 파고다' 꽝꽝나무 'Dwarf Pagoda' Japanese holly '스카이 펜슬' 꽝꽝나무 'Sky Pencil' Japanese holly '브룩사이드 미니어처' 마취목 'Brookside Miniature' Japanese andromeda '문 프로스트' 캐나다 솔송나무 'Moon Frost' Canada hemlock '저비스' 캐나다 솔송나무 'Jervis' Canada hemlock '루윗' 일본 헴록 'Loowit' Japanese hemlock

	학명	일반적인 이름
그늘에서 자라는 관목	*Abies koreana* 'Cis' *Abies koreana* 'Green Carpet' *Buxus microphylla* 'Compacta' *Ilex crenata* 'Rock Garden' *Pieris japonica* 'Little Heath' *Tsuga canadensis* 'Abbott's Pygmy' *Tsuga canadensis* 'Hornbeck' *Tsuga canadensis* 'Jean Iseli'	'시스' 난쟁이 구상나무 'Cis' dwarf Korean fir '그린 카펫' 난쟁이 구상나무 'Green Carpet' dwarf Korean fir 작은 잎 회양목 littleleaf boxwood '록 가든' 꽝꽝나무 'Rock Garden' Japanese holly '리틀 히스' 마취목 'Little Heath' Japanese andromeda '애봇츠 피그미' 캐나다 헴록 'Abbott's Pygmy' Canada hemlock '혼벡' 캐나다 헴록 'Hornbeck' Canada hemlock '진 이셀리' 캐나다 헴록 'Jean Iseli' Canada hemlock
햇빛을 필요로 하는 미니어처 화초	*Bellium minutum* *Delosperma congesta* *Erodium variabile* 'Flore Pleno' *Leptinella squalida* 'Platt's Black' *Sedum oreganum* *Sedum spurium* *Sempervivum* species and cultivars *Thymus praecox* *Thymus pseudolanuginosus* *Thymus serpyllum* 'Elfin'	미니어처 데이지 miniature daisy 미니어처 채송화 miniature ice plant '플로레 플레노' 이질풀 'Flore Pleno' cranesbill '플랫츠 블랙' 브라스 버튼 'Platt's Black' brass buttons 세덤 오레가넘 Oregon stonecrop sedum 붉은세덤, 분홍세덤 two-row stonecrop sedum 긴병꽃 (작은 품종) hens and chicks (small cultivars) 크리핑 레드 타임 creeping red thyme 울리 타임 woolly thyme '엘핀' 타임 'Elfin' thyme
그늘에서 자라는 미니어처 화초	*Acorus gramineus* 'Ogon' *Cymbalaria aequitroloba* *Isotoma fluviatilis* (*Pratia pendunculata*) *Lirope spicata* *Mentha requienii* *Muelenbeckia complexa* *Ophiopogon japonicus* 'Nana' *Saxifraga* 'Primuloides' *Soleirolia soleirolii* *Soleirolia soleirolii* 'Aura'	'오곤' 미니어처 석창포 'Ogon' miniature sweet flag 난쟁이 케닐워스 아이비 dwarf kenilworth ivy 이소토마 트라이스타 블루 blue star creeper 난쟁이 릴리 터프 dwarf lily turf 코르시칸 민트 Corsican mint 트리안 fairy vine 애란 dwarf mondo grass '프리물로이데스' 미니어처 런던 프라이드 'Primuloides' miniature London pride 천사의눈물 baby tears 금빛 천사의눈물 golden baby tears

정원 돌보기

정원은 당신을 필요로 하고
당신은 정원을 필요로 하고

미니어처 정원 가꾸기의 매력 중 하나는 원예 외에 공예도 포함된다는 것이다. 그러나 미니어처 정원의 경우, 계획을 하고 만드는 일을 끝낸 이후에 비로소 본격적인 단계로 접어든다. 사실 미니어처 정원을 만드는 일보다는 그 이후 식물들이 어떻게 서로 어울려 살아가는지를 지켜보고 이 조그만 세계를 어떻게 관리하는지를 배우는 것이 훨씬 더 재미있다.

조그마한 관심이
당신의 미니어처 정원을
매력적으로 가꾸는 데
많은 도움이 될 것이다.

이 장에서는 흙에 직접 심었거나 화분에 심은 미니어처 정원을 돌보는 방법에 대해 배울 것이다. 당신이 만일 미니어처 정원 가꾸기가 처음이라면 이 장이 좋은 가이드 역할을 해줄 것이고, 어느 정도 경험이 있다면 미니어처 정원 가꾸기에 대한 새로운 식견과 아이디어들을 제공해 줄 것이다.

선택을 잘하면 돌보기도 쉽다

모든 식물은 빛과 공기와 물을 필요로 하며, 대부분의 식물은 또 흙을 필요로 한다. 이런 기본적인 사항들을 염두에 두고 제대로 미니어처 정원을 만들었다면, 식물을 돌보고 관리하는 일은 순풍에 돛 단 듯할 것이다. 사전에 당신의 생활 스타일이 어떤지 또 시간 여유가 어느 정도 있는지도 감안해야 한다. 만일 당신이 여행을 많이 다니는 편이라면, 자주 물을 줄 필요가 없는 미니어처 다육 식물들을 기르는 것이 좋다. 미니어처 정원을 자주 들여다보고 돌봐줄 수 있는 사람이라면, 더 빨리 자라면서도 여린 식물들을 길러도 좋다.

왼쪽.
'진 이셀리Jean Iseli' 캐나다 솔송나무은 가지를 내뻗는 방식이 독특하다.

오른쪽.
'버터 볼Butter Ball' 편백나무는 사랑스러운 크림 색깔을 띈다.

식물들이 자라나게 되면, 서로 잘 어울려 클 수 있게
선별적으로 가지치기를 해주어야 한다.

조그만 나뭇가지로 만든 울타리는 설치하는데 몇 분 걸리지도
않으며, 이후 관리하는 데도 거의 손이 가지 않는다.

한여름의 아일랜드 모스 언덕에
작은 꽃들이 점점이 피어 있다.

실내 식물과 실외 식물

식물 관리를 손쉽게 하려면, 실내 미니어처 정원에는 실내 성장 조건들에 맞는 식물들을, 그리고 실외 미니어처 정원에는 실외 성장 조건들에 맞는 식물들을 키워야 한다. 얼핏 들으면 너무도 뻔한 말 같지만, 초심자들이 가장 흔히 범하는 실수 중 하나가 식물은 어떤 곳에서도 잘 자랄 것이라고 생각하는 것이다.

실내에서 키우는 식물들은 거의 다 1년 내내 온도를 섭씨 15도 이상으로 유지해줘야 하는 열대 식물들이다. 미니어처 아프리카제비꽃, 조그만 포니테일팜, 미니어처 알로에 베라 등은 1년 내내 따뜻하게 해주어야 하는 대표적인 실내 식물들이다. 대개의 경우 실외 식물을 실내에 들여놓으면, 계속 쑥쑥 자라야 하는 여름인지 알고 그야말로 계속 죽을 힘을 다해 자란다. 사람과 마찬가지로 식물도 휴식이 필요하다. (물론 과일이나 꽃을 맺게 해 정해진 계절 내에 다시 씨를 뿌리려는 목적으로 키우는 1년생 식물이나 채소는 제외이다.) 실내 난방으로 인해 공기가 건조해질 경우, 서늘하면서도 습기 찬 환경을 좋아하는 실외 식물들은 스트레스를 받게 되며, 그래서 각종 해충이나 병에 더 취약해지게 된다.

빛을 잘 활용하라

왼쪽.
범의귀는 아름다운 고산 식물로, 실내보다는 실외에서 더 잘 자란다.

중앙.
눈에 확 띄는 은설과의 노란색 꽃들이 미니어처 정원에 악센트를 주고 있다.

오른쪽.
미니어처 데이지는 햇빛이 살짝 드는 그늘진 곳을 좋아한다.

식물은 빛을 이용해 먹고 살 것을 마련하기 때문에, 어떤 식물이 어느 정도 빛을 필요로 하는지 정확히 알아야 한다. 어떤 식물들은 하루에 8시간 이상 계속 햇빛을 받아야 하고, 또 어떤 식물들은 그렇지 않다. 그늘에서 자라는 식물이 햇빛을 너무 많이 받으면 잎이 타버리게 된다. 또한 하루 종일 햇빛을 받아야 하는 식물이 햇빛을 너무 적게 받으면 서서히 시들어가게 된다. 다행히 실내에서든 실외에서든, 그늘에서든 양지에서든, 간접적인 빛을 받든 직접적인 빛을 받든, 흐릿한 햇빛을 받든, 그야말로 거의 어떤 상황에서도 잘 자라는 식물들도 있다. 당신이 미니어처 정원을 만들려는 장소에 빛이 어느 정도 드는지 확인하면, 거기에 심을 식물들을 선택하는 게 쉬워질 것이다.

실외에서의 빛

북반구의 경우, 미니어처 정원의 남향과 서향은 완전한 햇빛이 들고, 동향은 햇빛이 일부만 들거나 서늘한 햇빛이 들고, 북향은 거의 1년 내내 그늘이 진다. 실외 식물들이 받는 햇빛의 양은 정원 위치 외에 태양이 하루 중, 또 연중 어떻게 움직이는지에 따라서도 달라진다. 나무와 관목, 헛간, 차양, 기타 건물 같은 자연적이거나 인공적인 구조물들도 햇빛의 양에 영향을 미친다. 전체 일조량은 당신의 미니어처 정원이 봄과 가을에 받게 되는 햇빛의 양으로 추정하면 된다. 사전에 이런 정보를 가지고 시작하면, 주어진 상황에서 잘 자랄 수 있는 식물들을 선택하는 게 가능해지며, 정원 관리도 한결 쉬워질 것이고, 당신의 식물들도 더 행복할 것이다. 오른쪽 표를 보면, 햇빛의 양을 어떤 식으로 분류하는지를 볼 수 있는데, 식물 재배 지침에 나오는 용어들도 이와 같은 분류를 따른다.

위.
'블루 스타Blue Star' 난쟁이 향나무는 완전하고도 뜨거운 햇빛이 드는 상황에서 잘 자란다.

아래.
'화이트 버드White Bud' 무고소나무의 새로운 솔잎들이 태양을 향해 뻗어가고 있다.

✱ 실외에서의 빛 조건

그늘과 햇빛의 상태	의미	적절한 미니어처 및 난쟁이 나무, 관목, 지피 식물의 예	적절한 미니어처 화초의 예
일부 그늘	2-4시간 약한 햇빛	캐나다 솔송나무 작은 잎 회양목 꽝꽝나무	천사의눈물baby tears 코르시칸 민트corsican mint
완전한 그늘	2시간 이내의 햇빛	캐나다 솔송나무	금빛 천사의눈물golden baby tears
반 그늘, 반 햇빛	그늘과 햇빛 반반 밝은 그늘, 부분 그늘이라고도 함	캐나다 솔송나무 꽝꽝나무	천사의눈물baby tears 코르시칸 민트corsican mint
일부 햇빛	4-6시간의 햇빛	발삼 전나무 작은 잎 회양목 편백나무 구상나무	애란dwarf mondo grass 트리안fairy vine 지피 식물 타임groundcover thyme
완전한 햇빛	6시간 이상의 햇빛	노르웨이 가문비나무 사와라 가문비나무 알버타 가문비나무 발삼 전나무	지피 식물 타임groundcover thyme 작은 잎 세덤small-leaved sedum
서늘한 햇빛	오전 11시 전 또는 오후 3시 이후(여름 제외)의 햇빛 또는 겨울 햇빛	편백나무 알버타 가문비나무 삼나무	미니어처 데이지miniature daisy 이소토마 트라이스타 블루blue star creeper
뜨거운 햇빛	여름 오후 2-7시의 햇빛	무고소나무 향나무 작은 잎 섬개야광나무	작은 잎 세덤 긴병꽃small-leaved sedum hens and chicks

실내에서의 빛

당신 집 안 이곳저곳에 드는 햇빛의 양은 실외에서의 햇빛의 양을 재는 것과 같은 원칙에 따라 재면 된다. 우선 남향과 서향 창문 쪽이 집 안에서 가장 따뜻하다. 동향 창문 쪽은 서늘하면서도 밝은 햇빛이, 그리고 북향 창문 쪽은 약한 햇빛이 든다. 당신이 만일 공동 주택이나 도시의 주택에 산다면, 당신 집 창문들은 하루의 일부 또는 대부분이 다른 건물이나 이웃집 발코니에 가려 그늘이 질 수 있으며, 그래서 햇빛이 적어도 괜찮은 식물을 선택하는 것이 좋다. 한겨울에는 햇빛이 동쪽, 서쪽 또는 남쪽 창문에 비스듬히 비추게 되는데, 이는 1년 중 한 달 정도만 지속될 일시적인 상황이라는 데 주의해야 한다. 한여름 절정기의 태양은 당신 집 창문에 전혀 들어오지 않을 것이다. 그에 반해 봄과 가을의 햇빛은 가장 한결 같으므로, 햇빛 문제는 봄과 가을을 기준으로 삼으면 된다.

자연적 변화에 맞춰 햇빛의 양을 조절할 수 있다는 것은 실내 정원 가꾸기의 장점 중 하나이다. 예를 들어 햇빛이 그대로 비추는 창문 쪽에 얇은 커튼을 드리우면 언제든 밝은 간접 조명을 만들어낼 수 있는 것이다. 햇빛의 양이 변동될 때 실내 미니어처 정원을 직접 햇빛이 드는 곳에서 한두 달 정도 다른 데로 옮겨놓을 수도 있을 것이다. 가장 큰 문제는 이른 가을날 햇빛이 창문으로 직접 들어오기 시작할 때 발생한다. 뜨거운 햇살이 스며들어와 졸지에 미니어처 정원 식물들의 잎사귀들을 죄다 말려버릴 수 있는 것이다. 그런 일을 막으려면 미니어처 정원을 다른 데로 옮기거나 햇살이 스멀스멀 창틀을 넘어 들어오는 걸 보자마자 커튼을 치든가 해야 한다. 강한 햇살은 SF 드라마 〈스타트렉〉의 커크 선장이 휘두르는 레이저 광선처럼 스치고 지나간 모든 것을 태워버린다.

최근 실내 야채 재배에 대한 관심이 높아지면서, 정원에 빛을 더 보충해주는 일은 쉬운 일이 되었다. 인공조명 덕에 거의 집 안 모든 곳에 식물을 재배할 수 있는 환경을 조성할 수 있게 된 것이다. 오늘날에는 실내에서 쓸 수 있는 식물 성장 촉진 램프가 다양해져, 식물들의 특성을 고려해 실내 조명을 바꿔줄 수도 있고, 먼저 미니어처 정원에 쓸 실내 조명을 결정한 뒤 그에 맞춰 식물들을 선택할 수도 있다. 당신이 좋아하는 식물 성장 촉진 램프에 맞는 전구를 따로 구입할 수도 있다. 식물 성장 촉진 램프에는 조그만 램프와 타이머가 부착되어 있어, 집 안 통로에 놓여 있는 침침한 식탁 위에서도 미니어처 정원을 잘 가꿀 수 있다.

오른쪽에 있는 〈실내에서의 빛 수준 표〉를 참고하면, 당신 집 안의 빛이 어느 정도 수준인지, 또 기르려고 하는 식물들에 적합한 빛을 만들려면 어떻게 해야 하는지를 알 수 있을 것이다.

✱ 실내에서의 빛 수준 표

빛의 상태	의미	적절한 미니어처 및 난쟁이 나무, 관목, 지피 식물의 예	적절한 미니어처 화초의 예
간접 조명 또는 그늘	규칙적인 실내 조명. 창에서 떨어져 있지만 신문을 읽을 수 있을 정도의 빛이 있음.	작은 잎 회양목 little leaf boxwood 팔로 야자 parlor palm	아프리카제비꽃 African Violet 미니어처 아이비 miniature ivy
밝은 간접 조명 또는 직접 조명	동·서·남향 창문 바로 앞은 아니지만 그 옆이나 아래쪽. 남·동·서향 창문에 얇은 커튼을 치고 그 바로 뒤.	작은 잎 회양목 얼룩덜룩한 영국 회양목 variegated English boxwood 로손편백 Lawson false-cypress 베이비 피쿠스 baby ficus	애란 dwarf mondo grass 천사의눈물 baby tears 금빛 천사의눈물 golden baby tears 코르시칸 민트 corsican mint
완전한 양지	동·서·남향 창문 바로 앞. 식물들이 뜨거운 직사광선을 견딜 수 있어야 함. 한여름에는 약간의 그늘을 만들어주어야 함.	화월 크라슐라 baby jade 몬터레이 사이프러스 Monterey cypress 나한송 Buddhist pine	하워시아 haworthia 선인장 cactus 다육 식물 succulents 미니어처 알로에 베라 miniature aloe vera

온도대

온도와 습도는 빛만큼이나 식물들의 건강에 직접적인 영향을 주는 요소이기 때문에, 식물들을 선택할 때 필히 고려해야 한다. 당신이 사는 지역에서 식물들을 구입할 경우, 아마 주로 그 지역 기후에 맞는 식물들만 구입하게 될 것이다. 그러나 인터넷상에서 온라인 주문을 할 경우 선택의 폭은 크게 넓어져, 당신이 사는 지역에서는 접할 수 없는 전혀 새로운 세계의 식물들을 접할 수 있게 된다. 그래서 어떤 식물을 보고 홀딱 반해, 그 식물이 당신 환경에는 잘 맞지 않는다는 사실마저 망각해버리는 상황에 빠질 수도 있다. 예를 들어 무덥고 습한 열대 지역에 사는 식물을 서늘한 온대 지역으로 데려온다면, 그 식물은 당신의 미니어처 정원 안에서 비통한 최후를 맞이할 가능성이 높다.

어떤 식물이 당신이 선택한 장소에 잘 맞는지를 확인할 수 있는 최선의 방법은 그 식물에 붙여 놓은 꼬리표에 적힌 최저 온도(식물이 버티지 못하고 죽게 되는 가장 낮은 온도)를 보고 당신의 환경에 맞춰보는 것이다. 만일 재배에 적합한 지역 이름들만 나와 있다면, 그 지역들의 기온을 찾아보면 될 것이다.

왼쪽.
이 실내 화분 정원 안에 있는 어린 팔로 야자와 노포크 섬 소나무는 얇은 커튼을 통한 간접 조명에 적합한 식물들이다.

오른쪽.
아일랜드 모스는 선선한 지역에서 가장 잘 자란다.

식물 내한성 구역

식물 내한성 구역 표는 당신이 사는 지역의 상황을 이해하는데 아주 유용할 수 있지만, 정보가 너무 많으면 오히려 더 혼란스러워질 수도 있다. 다시 말하지만, 인근 묘목장에서 구입할 경우 당신 지역에 적합한 식물을 고를 수 있다는 이점이 있으며, 온라인에서 구입할 경우 사전에 필요한 조사를 해야 한다. 지역에 대한 정보는 물론 온도와 관련된 정보들도 조사해야 할 것이다.

아래에 미국과 캐나다, 영국, 유럽 등 각 지역에 대한 전반적인 정보를 소개한다. 당신이 살고 있는 지역의 지역별 온도와 식물 내한성 구역에 대해 제대로 알려면 나라별 날씨 정보도 참고해야 할 것이다. 일부 식물들에 붙어 있는 꼬리표에는 기온에 대한 언급은 없이 재배 가능 지역들만 열거되기도 한다.

미국 농무부는 2012년 26개 지역과 그 하위 지역들에 대한 농무부 식물 내한성 구역 지도를 업데이트했다. 이 지도는 미국 정원사들 사이에서 가장 널리 이용되는 참고 지도로, 각 지역의 겨울철 평균 최하 기온을 토대로 만들어졌다. 이 지도는 온라인상에서 이용할 수 있는데, 당신 지역의 집코드 zip code를 입력한 뒤 http://www.usna.usda.gov/Hardzone/ushzmap.html에서 당신이 사는 정확한 지역을 찾아가면 된다.

캐나다 국립 토지 및 물 정보국은 캐나다 전역을 17개 주요 지역과 그 하부 지역으로 나누어, 보다 광범위한 기후와 함께 각 지역의 겨울철 최저 기온과 성에가 끼지 않는 기간의 길이, 연중 강수량, 최고 기온, 풍속, 적설량 등을 알려주고 있다. 캐나다의 각 지역에 대한 정보는 http://sis.agr.gc.ca/cansis/nsdb/climate/hardiness/intro.html에서 찾아보면 된다.

영국의 경우 각 지역에 대한 세부 정보는 http://www.gardeningzone.org/content/content.php/hardiness-zones-uk/에서 찾아보면 된다.

유럽의 경우 http://uk.gardenweb.com/forums/zones/hze.html에서 찾아보면 된다.

특정 재배 지역에 대해 좀 더 자세한 정보를 알고 싶다면 당신 나라의 농무부 자료를 참조하기 바란다. 이런 조사가 너무 머리 아프고 부담된다면, 당신이 사는 지역의 기온과 식물 꼬리표에 쓰여 있는 재배 조건들만 비교해봐도 좋다. 일단 당장 알아야 할 정보는 사실 그게 전부이며, 좀 더 자세한 걸 알고 싶을 경우 나중에 해당 자료들을 찾아봐도 상관없다.

왼쪽.
눈 덮힌 미니어처 정원은 그 자체만으로도 아름답지만, 무엇보다 우선 당신의 식물들이 추위를 잘 견딜 수 있게 돌봐주어야 한다.

오른쪽.
이 미니어처 정원 안의 상록수들은 산악 지대를 연상케 한다.

실외 미니어처 정원을 실내로

예를 들어 겨울철에는 며칠간 실외 미니어처 정원을 테이블 장식 등으로 이용하기 위해 실내로 들여놓을 수도 있다. 물론 나중에는 다시 실외로 내놓아야 하며 밑으로 다 흘러나올 때까지 물을 흠뻑 주어야 한다. 실외 미니어처 정원 식물들은 실내보다는 실외에 있을 때가 훨씬 더 좋을 것이므로, 그 식물들이 실내 환경에 익숙해지지 않게 만드는 것이 요령이다. 실내에 머무는 동안, 실외 미니어처 정원의 흙은 습기를 유지해야 하며 건조해져서는 안 된다. 또한 외부 미니어처 정원이 잠시 실내에 머무는 동안 직사광선을 쬐지 않게 해야 하는데, 직사광선을 쬐면 흙이 너무 빨리 말라버려 식물들의 잎이 누렇게 뜰 수도 있기 때문이다.

그리고 또 미니어처 정원을 곧장 따뜻한 실내에서 추운 실외로, 또는 그늘진 실내에서 실외의 뜨거운 태양 아래 내놓아선 안 되며, 그 전에 적어도 2~3일간 차양 있는 현관 밑이나 차고 안에 꺼내놓는 게 좋다. 물론 이는 과도기를 주어 미니어처 정원 식물들로 하여금 서서히 환경 변화에 적응할 수 있도록 해주고, 또 극심한 기온 변화로 충격을 받지 않게 하기 위함이다. 물론 가장 좋은 것은 빛과 기온이 실내와 실외 환경의 중간쯤 되는 곳에 2~3일 내놓는 것이다.

흙의 기본 사항들

흙은 식물의 성장과 건강에 영향을 미치는 또 다른 주요 요소이다. 흙은 살아 있다. 먼지는 죽어 있다. 그 차이는 보면 알 수 있다. 흙은 색이 짙고 풍부하며 유기 물질로 가득 차 있다. 그 속에 지렁이, 균류, 조그만 벌레들, 그리고 기타 다른 생물들이 들어 있는 것이다. 먼지는 보도블록 틈새에 끼어 있는 희뿌연 모래이다. 식물에 따라 좋아하는 빛과 기온이 다 다르듯, 좋아하는 흙의 성질도 식물에 따라 다 다르다. 다육 식물은 물이 쭉쭉 빠지는 모래 같은 흙에서 자라지만, 많은 침엽수들은 뿌리를 습기 찬 상태로 유지시켜주는 양질의 흙에서 자란다.

실물 크기의 정원 흙에 적용되는 원칙들은
그대로 미니어처 정원 흙에도 적용된다.

실외 화단의 흙

당신이 만일 정원 가꾸기가 처음이고 실외 화단 흙에 직접 식물들을 심어 미니어처 화단을 만들고 싶다면, 인근 묘목장 같은 곳에 찾아가 그 식물들에게 필요한 흙이 어떤 흙인지를 물어보라. 혹은 당신의 화단 흙을 샘플로 조금 가져가면, 필요할 경우 어떻게 손을 봐서 써야 하는지 알려줄 것이다. 만일 식물을 심기 전에 흙에 대해 좀 더 자세히 알고 싶다면 인근 묘목장에 그 흙을 가져가 검사를 받아볼 수도 있고, 아니면 온라인에 올라와 있는 다른 묘목장 같은 데 흙을 보내 검사를 받아볼 수도 있다. 흙에 모래나 퇴비, 거름 또는 표토를 섞어주기만 해도, 뿌리로 가는 영양분의 균형도 잡아주고 배수 문제도 해결해줄 수 있다. 그렇게 흙을 손질한 뒤 식물을 직접 심어 미니어처 정원을 시작하는 것이 가장 좋다. 비료 한 병 뿌린다고 먼지가 흙이 될 거라곤 생각지 말라. 그런 일은 절대 일어나지 않는다.

정원 가꾸기를 좀 더 하다 보면, 곧 당신의 뒤뜰 안에서조차 장소에 따라 미기후微氣候도 다르고 토양 성격도 다르다는 걸 깨닫게 될 것이다. 예를 들어 뒤뜰 한쪽 흙은 모래흙인데, 그 근처 흙은 찰흙 비슷할 수도 있다. 당신 뒤뜰 흙에 대해 잘 모르겠으면, 정원을 가꾸는 다른 이웃에게 물어보도록 하라. 정원을 가꾸는 사람이라면 당신이 모르는 것에 대해 기꺼이 가르쳐줄 것이니 물어보는 걸 부끄러워하지 말라.

흰꽃세덤이 아기자기하게 장식된 이 조그만 화분에서 자라려면 적절한 흙이 필요하다.

위.
화분 속 흙이 좋으면 이 세덤은 뿌리를 잘 내리고 건강하게 잘 자랄 것이다.

아래.
물이 잘 빠지는 모래흙에 심어 놓는다면 선인장은 화분 안에서 행복해할 것이다.

**화분은
얼마나 크고,

식물은
얼마나 많으며,

흙은
얼마나 많이?**

화분 너비	나무 수	지피 식물 수	흙(대략)
5인치(약 12센티미터)	0	1	4쿼터(약 3.8리터)
5~6인치(약 12-15센티미터)	0	1-2	6쿼터(약 5.7리터)
6-8인치(약 15-20센티미터)	1	1	8쿼터(약 7.6리터)
8-11인치(약 20-27센티미터)	1-2	2	14쿼터(약 13.2리터)
11-14인치(약 27-35센티미터)	2-3	2-3	1입방피트(약 28리터)

화분 미니어처 정원에 필요한 흙

화분 미니어처 정원에 정원 화단에서 퍼온 흙을 쓰는 건 옳지 않다. 그 흙은 미니어처 정원 식물들에게 너무 부담스러운데다가, 화분 환경에 맞는 영양분을 골고루 갖고 있지도 않기 때문이다. 화분용 영양토는 화분 안 식물이 건강하게 자라는 데 필요한 모든 영양분을 두루 갖고 있음은 물론, 흙과 흙 사이에 공기와 물이 통과할 수 있는 공간들도 충분하다. 어떤 식물들은 물 흡수를 도와주고 그것들이 자라는 데 필요한 영양분들을 제공해주기 위해 특정 형태의 배양토가 필요하기도 하다. 그런 정보는 대개 식물 재배 설명서에 나와 있다.

예를 들어 건조한 것을 좋아하는 선인장은 습기 찬 것을 좋아하는 아프리카제비꽃과는 다른 흙을 필요로 한다. 또한 선인장은 흙에서 물이 빨리 빠지는 걸 좋아하는데다 건조한 쪽에 있고 싶어 하기 때문에, 화분용 배합토에 별도의 배수 촉진용 물질(모래, 버미큘라이트, 퍼라이트 등)을 추가하면 뿌리 근처의 흙에서 물이 잘 빠져나가게 된다. 반면에 아프리카제비꽃은 약간 습기 찬 곳에 머무는 것을 좋아한다. 그래서 며칠 동안 물이 담긴 얕은 접시에 담겨 있어도 상관없으며, 흙 속에 양질토나 이탄을 추가하면 뿌리에 습기가 더 오래 머물게 되어 좋다.

비료가 포함된 화분용 영양토는 조심해서 써야 한다. 이런 흙은 1년생 식물과 채소용으로는 괜찮지만, 미니어처 정원에는 그리 좋지 않다. 어쨌든 우리는 식물들이 조그맣게 유지되고 또 천천히 자라길 바라는데, 비료가 들어가면 그런 목표가 깨지기 때문이다.

화분용 영양토에 섞어 쓰는 좀 더 가격이 싼 배합토의 경우에는 배수 촉진용 물질을 추가해야 할 수도 있다. 이때도 역시 양질토나 이탄을 섞으면 물이 흙 속을 더 잘 통과하게 된다. 많은 식물들이 뿌리에 계속 습기가 찰 경우 썩어가다가 죽게 되기 때문에, 양질토나 이탄을 섞는 것은 그런 점에서도 도움이 된다. 양질토나 이탄 같은 것들은 인근 원예용품점이나 묘목장에 가면 구할 수 있다.

위의 표를 활용하면 당신에게 필요한 흙의 양이 어느 정도인지 알 수 있다. 식물들을 제대로 선택했다면, 그 다음에는 미니어처 정원에 최소 8인치(약 20센티미터) 깊이와 너비로 심도록 하라. 그러면 적어도 몇 년간은 다른 화분에 옮겨 심지 않아도 된다.

식물과 물

특히 당신의 미니어처 정원을 화분 안에 만들 때 식물들을 선택하려면 물 관계도 필히 고려해야 한다. 식물마다 필요로 하는 물의 양이 다름에도 불구하고, 한 미니어처 정원에 있는 식물들은 모두 같은 양의 물을 같은 일정에 따라 공급받게 된다. 또한 어떤 식물들은 물을 주고 다음에 다시 줄 때까지 뿌리 부근이 마른 상태로 있는 걸 좋아하지만, 어떤 식물들은 내내 습기가 차 있는 걸 좋아한다. 따라서 이렇게 필요한 물의 양이 서로 다른 식물들을 조그만 화분 안에 가까이 심다보면 재앙이 발생할 수도 있다. 오른쪽 표에는 식물 꼬리표나 식물 재배 설명서에 흔히 나오는 용어들이 설명되어 있다.

어떤 식물의 갈증 상태가 어느 정도인지 알아볼 수 있는 유일한 방법은 손가락을 흙 속에 적어도 1인치(약 2.5센티미터) 정도 집어넣어 얼마나 촉촉한지를 보는 것이다. 흙 속에 집어넣고 수량을 재는 수량계도 여러 종류 있지만, 그 장치들이라고 늘 믿을 만한 건 아니다. 가장 좋은 방법은 손으로 흙의 촉감을 느껴보는 것이고, 그 다음 좋은 방법은 눈으로 흙의 상태를 보는 것이다. 건조해진 흙은 색이 더 옅어지며, 그러다 결국 화분 벽면에서 떨어져 나온다. 반면에 습기를 머금은 흙은 색이 짙으며 보기에도 꽉 차고 풍성해보인다. 그러나 너무 습기가 많은 흙은 색이 아주 짙으며 표면에 끈적끈적한 막 같은 게 생겨난다.

돌나물과 다육 식물은 흙을 늘 건조한
상태로 유지하고 배수가 잘되게
해주어야 한다.

* 흙 속의 물 함유량

	의미	예
흠뻑 젖은 Wet	화분이 물이 담긴 얕은 접시나 배수구 없는 화분(장식 화분)에 담겨 있어, 흙이 늘 젖은 상태로 있다.	아프리카제비꽃 African Violet 미니어처 창포 miniature sweet flag
수분이 많은 Moist	화분이 배수구는 있지만, 자주 물을 주어 수분 수준이 높은 상태를 유지하고 있다.	베고니아 begonias 천사의눈물 baby tears
축축한 Damp	물은 규칙적으로 주고 있지만, 흙 자체가 젖은 스펀지 같아 배수가 잘 안 되고 있다.	로손편백 Lawson false-cypress 얼룩덜룩한 영국 회양목 variegated English boxwood
건조한 Dry	흙이 배수가 잘되어 물을 주고 다음번 물을 줄 때까지 완전히 건조한 상태이다.	다육 식물 Succulents 선인장 Cactus

물 잡아두기

배수구가 있는 화분 밑에 화분 받침을 받쳐두면 물을 받을 수도 있고 필요 이상의 많은 물을 통제하는 데 더할 나위 없이 좋지만, 실외에서는 그런 화분 받침을 쓰지 않는 게 최상이다. 예를 들어 공동 주택이나 아파트 발코니 같은 데서는 화분에서 떨어지는 물이 아랫집 발코니로 떨어질 수도 있어 화분 받침이 꼭 필요하다. 이때 화분 밑 세 군데에 받침 액세서리를 받쳐 놓고 그 밑에 조그만 화분 받침을 집어넣어 배수구 아래로 떨어지는 물을 받도록 하라. 화분 받침은 자주 비워주어야 하며, 그러지 않을 경우 화분이 고인 물 위에 놓여 있게 되어 화분 안의 흙이 너무 습해지게 된다.

실내 미니어처 정원의 경우, 만일 화분에 맞는 화분 받침이 따로 없다면 인근 묘목상 같은 데서 화분 받침으로 쓸 수 있는 걸 얼마든지 구할 수 있다. 투명한 플라스틱 화분 받침은 여러 사이즈로 나오며, 그 어떤 장식이나 테마의 미니어처 정원에도 잘 어울릴 것이다. 직경이 화분보다 최소 0.5인치(약 1.25센티미터) 큰 화분 받침을 골라야 물이 어디로 넘치든 바닥에 떨어지지 않는다. 꼭 맞는 화분 받침은 보기는 좋을지 몰라도 넘치는 물을 받기에는 그리 적합하지 않다.

귀한 목재 제품 표면 위에 화분 받침을 올려놓고 쓸 경우 그 어떤 화분 받침도 믿지 말라. 고열 용광로 안에서 구워낸 뒤 유약을 바른 도자기 화분 받침조차도 여전히 습기를 흡수하며, 그래서 아래쪽 표면으로부터 습기를 빨아들이기 때문이다. 또한 실내에서 식물을 키울 경우 표면에 물방울이 맺히는 응결 현상을 주의해야 한다. 시간이 지나면 습기가 목재 제품의 마감 칠에 큰 영향을 줄 수 있다.

당신의 미니어처 정원을 원하는 곳에 놓을 수 있게, 인근 원예용품점이나 묘목장에서 이 같은 화분 받침 문제를 해결할 최선의 해결책을 찾도록 해보라. 뒤쪽에 플라스틱을 댄 펠트 매트나 코르크 매트를 화분 받침 밑에 깔면, 건조한 상태를 유지하는 한 제 역할을 다한다. 그러나 물을 너무 많이 주어 화분 받침의 물이 넘쳐흐르면, 펠트 매트나 코르크 매트도 물을 빨아들여 제 역할을 못하게 될 수 있다. 그런 일을 막으려면, 늘 물을 준 뒤에 화분과 화분 받침을 체크하거나, 먼저 싱크대나 욕실 같은 데서 화분의 물을 뺀 뒤 다시 화분 받침 위에 올려놓아야 한다.

왼쪽.
난쟁이 알버타
가문비나무에 맺힌
빗방울들.

오른쪽.
앙증맞은 손님이
미니어처 연못의 짙은
물속을 살펴보고 있다.

생명 유지 수단으로서든 한 가지 특징으로서든,
물은 모든 정원에 꼭 필요한 부분이다.

가장 작은 화분조차도 물을 받는
화분 받침이 따로 있는 경우가 많다.

영양분 주기와 거름 주기

식물들이 빨리 자라는 걸 원치 않는 상황에서 굳이 미니어처 정원에 규칙적으로 자주 영양분을 줄 필요는 없다. 우리의 목표는 가능한 한 오래, 그러니까 최소 2년 정도, 아니면 변화를 주어 뭔가 새로운 걸 시도해보고 싶다는 생각이 들 때까지, 미니어처 정원의 식물들이 서로 잘 어울려 자라게 하는 것이다. 당신이 어떤 식물들을 선택했는가 하는 것도 영양분 공급 스케줄에 영향을 준다. 그 좋은 예가 난쟁이 침엽수와 미니어처 침엽수로, 이 나무들은 화단에 심을 경우 따로 비료를 줄 필요가 없지만, 화분에서 몇 년 이상 키운 이후에는 영양분을 조금 제공해주어야 한다. 새로운 화분용 영양토에는 영양분이 들어 있어 그 효과가 2년 정도는 가지만, 그 이후에는 봄과 한여름에 조금씩 지속적으로 방출되는 유기 비료를 주는 것이 좋다. 비료는 보통 알갱이 형태로 나온다. 그 비료를 토마토에 후추 뿌리듯 식물 주변 흙 위에 뿌린 뒤, 포크(당신의 미니어처 정원 크기에 따라 정원용 미니 갈퀴 또는 일반 식탁용 포크)를 이용해 흙 속에 골고루 넣어주면 된다.

식물들이 필요로 하는 가장 중요한 요소인 빛과 흙과 물에 대한 기본적인 지식을 갖고 있다면, 그 요소들을 잘 감안해 미니어처 정원에서 기를 식물들을 선택하게 될 것이다. 그리고 또 그런 요소들을 염두에 두고 미니어처 정원을 만든다면, 그 정원을 돌보기도 쉬울 것이고 그 정원의 식물들 또한 건강하게 잘 자랄 것이다. 정원 가꾸기가 생전 처음이라면, 두어 종류의 식물만 선택해 시작하고, 물 주기와 기타 관리에 익숙해질 때까지 그 식물들을 길러보도록 하라. 그런 뒤 자신감이 생기면 점차 재배 식물 수를 늘리고 보다 많은 아이디어를 실행에 옮겨보는 것이다. 그리고 처음 원예용품점이나 묘목장에 갔을 때, 충동적으로 필요 이상 많은 아이템들을 구입하는 일이 없도록 하라. 그보다는 당신이 원하는 식물들과 미니어처 정원에 대한 아이디어를 메모해두었다가, 나중에 필요한 것들을 하나하나 구입하는 것이 좋다.

왼쪽.
2년 정도 지나면, 당신의 미니어처 식물들이 건강한 상태를 유지할 수 있게 약간의 비료를 주어야 한다.

오른쪽.
세심한 주의를 기울여 물을 준다면, 이 정원의 식물들은 건강하게 잘 자랄 것이다.

개성을 추가하기

미니어처 정원 액세서리들

화분 속 식물들에 미니어처 정원용 액세서리들을 추가하면, 조그만 조약돌들을 깔아 놓은 곳이 미니 파티오가 되는 등, 그 즉시 미니어처 정원 전체가 그 액세서리들 크기에 맞춰 스케일이 바뀌면서 상상 속의 풍경이 살아 숨 쉬는 실제의 풍경으로 변한다. 제대로 된 미니어처 정원이라면 적어도 조그만 액세서리 하나쯤은 있어야 한다. 그것이 조그만 벤치가 됐든 새장이 됐든 아니면 뭔가 아기자기한 장식품이 됐든, 눈길을 끄는 그 액세서리들로부터 뭔가 놀라운 마법이 시작되는 것이다.

당신의 미니어처 정원은
잘 선택한 액세서리나
눈길을 끄는 기타 아이템들
덕에 비로소 어떤 이야기가
담기게 된다.

현실 감각에 맞는 미니어처 정원 액세서리는 환상을 만들어낸다. 당신은 정원 벤치나 새 물통 등을 실물 크기로 상상하게 되며, 그래서 사람이 앉거나 새가 이용할 거라고 기대하게 된다. 그리고 나서 정원의 식물들과 파티오 또한 실물 크기라고 상상하게 되면, 미니어처 정원의 전체 풍경은 완벽해진다. 액세서리가 현실 감각에 맞는 한, 이런 현상은 자연스럽게 일어난다. 황홀한 눈으로 미니어처 정원을 바라보며 "오!!!" 하는 감탄사를 연발하게 하는 것은 바로 이처럼 현실 감각에 맞는 액세서리이다. 이 같은 환상은 미니어처 정원 밖의 주변 환경을 보기 전까지는 계속 이어진다. 그리고 이처럼 실물 크기의 세상과 미니어처 세상 사이를 오가는 길목에 상상력 넘치는 큰 기쁨의 세상이 놓여 있다.

위.
그 누가 세상 근심 걱정 다 잊고 이 평화로운 장소에서 휴식을 취하고 싶지 않겠는가?

아래.
동물 액세서리는 곧바로 미니어처 정원의 전체 스케일을 변화시키며 눈길을 끄는 초점이 된다.

이 작은 농장에는 관심을 끄는
매력 포인트들이 즐비하네요.

실제 상황에 어울리는가?

미니어처 액세서리는 그 종류가 수도 없이 많은데, 당신 정원에 맞는 아이템을 고를 때 스스로 해봐야 할 가장 좋은 질문은 단 하나, '이게 실제 상황에 어울리는 액세서리일까?'이다. 그러니까 어떤 액세서리가 만일 실물 크기의 정원에 어울리지 않는다면, 미니어처 정원에도 어울리지 않는 것이다.

만일 아주 짙은 분홍색 플라스틱 코끼리 액세서리가 있다면, 재미는 있을지 몰라도 너무 튈 뿐 아니라 정원 전체 풍경과도 잘 어울리지 않을 것이다. 그걸 실제 동물로 봐야 할까 아니면 정원 조각상으로 봐야 할까, 그것도 혼란스럽다. 그러나 그 코끼리에 페인트칠을 해 콘크리트나 목재 조각상처럼 만든다면, 곧 정원 미술품처럼 보이면서 그런 혼란도 사라질 것이다. 우리 뇌가 조금이라도 더 빨리 그 코끼리를 정원 미술품으로 인식하게 될수록, 환상 또한 그만큼 빨리 효과를 발휘해 그 코끼리를 기발하면서도 재미있는 미술품으로 보게 될 것이다.

이처럼 미니어처 액세서리의 현실 감각도 중요하지만, 그 크기 또한 아주 중요하다. 미니어처 정원의 모든 미술품과 액세서리, 그리고 파티오 소재 등은 다 같은 스케일을 유지해야 하며 미니어처 정원 안에 적절히 현실성 있게 놓여져야 한다. 단 한 아이템만 스케일이 달라져도 튀게 될 것이고 전체 풍경을 망칠 것이며 보는 사람을 혼란스럽게 만들 것이다. 그러나 실물 크기의 정원에 사용되는 아이템들을 그대로 줄인 듯한 스케일의 액세서리들을 쓴다면, 그 미니어처 정원은 현실 감각이 뛰어난 정원이 될 가능성이 훨씬 더 커진다.

무엇보다 중요한 것은 어떤 액세서리나 장식물로 당신 정원에 개성을 주는 일 자체를 즐겨야 한다는 것이다. 만일 어떤 액세서리나 장식물이 당신의 미니어처 정원에 잘 어울리는 것 같아 절로 미소 짓게 된다면, 더할 나위 없이 좋은 액세서리나 장식물을 선택한 것이다.

왼쪽.
청동으로 된 양서류 보초가 미니어처 정원을 지켜보고 있다.

오른쪽.
이 미니어처 정원에는 서로 잘 어울리는 스케일을 한 실물 크기의 액세서리들이 여럿 모여 있다.

액세서리의 품질은 얼마나 중요한가?

흔히들 실물 크기의 정원에는 그리 많은 돈을 쓰지 않지만, 미니어처 수집가들의 경우 손으로 만든 정교한 미니어처들을 구입하는 데 많은 돈을 쓴다. 정원용이든 기타 다른 용도이든 수명이 오래가지 못해 그렇지 아주 값싼 미니어처들도 많다. 그러나 요령 있게 미니어처 정원을 가꾸는 사람이라면, 비용과 품질을 잘 절충해 과도한 돈을 쓰지 않고도 자신의 미니어처 정원에 더없이 멋진 포인트가 되는 액세서리를 선택한다.

만일 당신의 미니어처 정원이 실외에 있다면, 햇빛 때문에 색이 바래거나 바람 때문에 파손될 수 있으며, 특히 목재 액세서리의 경우 공기 중의 습기 때문에 팽창 또는 수축될 수 있다는 걸 잊지 말라. 판지 같은 종이 종류는 비만 한 번 내려도 다 파손될 것이다. 날씨 변화 외에도 예기치 못한 사고는 얼마든지 있을 수 있다. 다람쥐가 먹이를 찾는다거나 고양이가 새를 쫓는다거나 개가 뛰어든다거나 해 미니어처 정원 액세서리를 망가뜨릴 수도 있다. 실외 미니어처 정원의 경우. 액세서리 품질이 뛰어나다는 것은 소재가 단단하고 구조가 각종 시련에 강하다는 걸 뜻한다. 물론 그 시련에는 비바람은 물론 드물게 우박도 포함되며, 고질라 흉내를 내면서 닥치는 대로 부수는 이웃집 어린 꼬마도 포함된다.

그에 반해 실내 미니어처 정원의 경우에는 선택의 폭이 좀 더 넓다. 이 경우 품질이 뛰어난 액세서리란 당신 할머니의 미니어처 수제 흔들의자나 어느 예술가의 미니어처 걸작 같은 개인적인 보물들을 뜻할 수도 있다. 그러나 만일 어린 아이들이나 애완동물들이 당신의 실내 미니어처 정원을 망가뜨릴 수 있는 상황이라면, 그런 일이 일어나지 않게 예방 조치들을 취해야 할 것이다.

인형의 집 업계는 미니어처 정원에 쓸 수 있는 많은 미니어처 액세서리들을 제작·판매한다. 대부분의 미니어처 액세서리는 실내 정원에 적합한 품질을 갖고 있지만, 실외 정원용으로 적합한 내구성을 갖고 있는 것들도 있다. 기왕 본격적으로 미니어처 정원을 가꾸기로 마음먹었다면, 돈을 조금 더 쓰더라도 내구성이 좋은 액세서리를 구입하도록 하라. 그리고 이 점을 명심해야 한다. 망가지거나 없어져도 상관없는 제품이라면, 그런 제품은 쓰면 안 된다.

왼쪽.
말뚝식 울타리를 쳐놓으면 그야말로 뒤뜰 같은 느낌을 준다.

오른쪽.
미니어처 가구류에 진짜 나무를 쓰면 품위가 있어 보인다.

책이나 베개처럼 눈·비·바람 등에 약한
아이템들은 겨울에 실내에 두어야 한다.

인기 있는 애디론댁Adirondack 스타일은
다양한 미니어처 가구에서 찾아볼 수 있다.

그리 무겁지 않은 금속

선명한 색으로 칠을 했든 낡고 녹이 슬었든, 금속이나 모조 금속 액세서리는 정원에서 널리 쓰인다. 난쟁이 침엽수들 사이로 난 조그만 오솔길에 서 있는 미니어처 스케일의 전통적인 금속 정자는 매력적일 뿐 아니라 현실적이기도 하다. 또 미니어처 정원 오솔길 끝에 있는 고리버들로 만든 흰색 안락의자는 워낙 유혹적이어서, 거기 앉아 책을 한 권 읽거나 하루 종일 그 근처에서 캠핑이라도 하고 싶게 만든다.

만일 금속성 정원 액세서리에 녹이 슬기 시작한다면, 그 녹이 완전히 벗겨질 때까지 고운 사포로 문지르도록 하라. 그런 다음 스프레이로 초벌칠을 한 뒤 금속 녹 방지 페인트를 뿌린다. 금속은 한 번 녹이 슬었다 하면 완전히 제거하기가 어렵기 때문에, 매년 그렇게 사포질 및 녹 방지 페인트칠을 해주어야 할 수도 있다. 물론 수시로 체크를 해 아예 금속 액세서리가 공기와 습기에 손상되지 않게 하고 녹이 보이는 즉시 처리를 할 수도 있다. 이런 종류의 일을 추운 겨울날 밖에서 해야 한다면 제법 큰일일 수도 있지만, 미니어처 정원을 돌보는 동안 적어도 꿈꾸는 듯한 즐거움을 맛볼 수는 있을 것이다.

요즘에는 금속성 페인트와 특수 마감 칠을 이용해 어떤 아이템이든 금속처럼 만들 수 있다. 청동과 녹청 마감 칠을 제대로 보존하려면 폴리우레탄을 이용해 햇빛에 강하게 만들어주어야 한다. 제대로 활용만 한다면 녹 방지 페인트도 효과가 있다. 이 같은 처리법들은 변색되어 가는 액세서리들에도 쓸 수 있으며, 그런 과정을 통해 그 액세서리들은 쓰레기 매립장에 가는 대신 새 생명을 얻게 된다. 그런데 그런 처리법들은 자칫 잘못 쓰면 액세서리를 망칠 수도 있으므로, 잘못되어도 별 상관없는 액세서리나 버려도 좋은 장난감 등을 가지고 먼저 실습을 해보도록 하라.

왼쪽.
부러진 기둥은 오래된 폐허의 느낌을 준다.

오른쪽.
금속이나 금속처럼 보이는 액세서리는 살아 숨 쉬는 식물들 속에서 유난히 눈길을 끈다.

변화무쌍하면서도 영구적인 액세서리

요즘은 소나무에서 나오는 송진을 이용해 많은 놀라운 일들을 해내고 있다. 유감스럽게도 송진으로 만들어내는 플라스틱 제품들은 자연 상태에서 분해가 되지 않지만, 어떤 모양도 만들 수 있고 단단하며 햇빛과 비에도 강하다. 또한 플라스틱으로 만들어내는 물건들은 나무 조각만큼이나 섬세하지만, 가격은 나무 조각과 비교도 안될 만큼 싸다. 플라스틱으로 만든 액세서리는 비바람들에 아주 강하며, 쉽게 뚫을 수 있고, 정원 흙 속에 단단히 박아 넣을 수 있으며, 때가 탔을 때 비눗물로 박박 문질러 닦을 수 있고, 수리하기도 쉽다. 또한 직사광선에도 색이 변치 않는다.

플라스틱으로 만든 정원 조각상과 항아리와 가구는 그 종류도 다양하다. 흔히 볼 수 있는 아씨시의 성 프란치스코상이나 봄의 여신 플로라상에서 미켈란젤로의 다비드상에 이르는 많은 조각상들이 플라스틱 제품으로 나와 있어, 접착제를 이용해 받침대 위에 붙여 놓으면 당신의 조그만 정원에 아주 드라마틱한 분위기를 줄 수 있다. 미니어처 로마 항아리나 고대 항아리, 빅토리아 시대풍의 새 물통, 모조 석조 동물 조각상, 조그만 받침대 위에 올려놓은 게이징볼 역시 미니어처 정원을 매혹적으로 만들어준다. 돌로 만든 것처럼 보이는 벤치도 여러 종류가 나와 있다. 벽돌처럼 생긴 벽, 골동품 분수, 돌돌 말린 포도 덩굴들로 장식된 새 물통 등도 내구성이 뛰어난 플라스틱으로 만들어져, 실외 미니어처 정원에서도 잘 견딜 수 있다.

플라스틱으로 만든 정원 요정과 부처상, 그리고 홍학을 비롯한 모든 동물은 미니어처 정원에 활기와 개성을 불어넣어줄 것이다. 만일 이런 액세서리들을 실외 미니어처 정원에 쓴다면, 햇빛에도 색이 바래지 않으므로 밝은색의 액세서리를 써도 좋다. 1년에 두 번 정도 아크릴 자외선 스프레이를 뿌려주면 색이 늘 새것처럼 생생하게 유지된다.

시간이 지나 미니어처 액세서리가 색이 바랠 경우, 아크릴 페인트칠을 해주면 다시 산뜻해진다. 또 플라스틱 액세서리가 부러지거나 할 경우에는 강력 접착제를 이용해 붙인 뒤 페인트칠을 해주면 새것처럼 쓸 수 있다.

왼쪽.
기발한 예술품은 미니어처 정원에 새로운 색과 흥미를 더해준다.

오른쪽.
풍성한 등나무 잎사귀들은 상쾌한 그늘을 드리워준다.

목재 액세서리와 울타리, 덩굴시렁

목재는 어느 정원에도 잘 어울리는 자연 소재이다. 그런데 표면에 아무 처리도 안한 목재는 시간이 지나면 비바람에 퇴색된다. 또한 페인트칠을 한 목재는 공기 중의 습기 때문에 팽창과 수축을 거듭하면서 결국 칠이 바래고 벗겨진다. 착색을 해주면 햇빛에 바래지 않고 좀 더 오래가지만, 늘 신선함을 유지시켜주려면 적어도 1년에 한 번은 새로 착색을 해주어야 한다.

색이 바래가는 목재 액세서리 역시 페인트칠을 해 새것처럼 쓸 수 있다. 아크릴 페인트를 조금만 칠해주어도 오래간다. 목재 액세서리의 경우, 시간이 지나 색이 바래면 낡고 골동품 같은 느낌을 주며, 페인트칠을 두껍게 해주면 새것처럼 보이기도 한다. 페인트칠을 할 때는 먼저 가벼운 사포질로 먼지를 떨어내야 하며, 페인트가 완전히 마른 다음에 다시 페인트를 칠해야 한다.

위.
아주 인기 있는 파티오 미니어처 스타일

아래.
독특한 액세서리들이 이 목재 의자에 다양한 특징을 부여하고 있다.

오른쪽.
건축적인 요소들이 이 미니어처 정원을 개성 있게 만들어주고 있다.

정원 가구를 들여놓고 앉아보라

당신의 미니어처 세상에 정원 가구를 보태면 그야말로 우아한 그림이 완성된다. 가구는 실제 세상에서 워낙 익숙한 것이어서, 미니어처 정원 전체의 스케일이 곧 그 가구에 맞춰 변화된다. 나무 밑에 놓여 있는 간단한 정원 벤치 하나 또는 파티오에 서 있는 외로운 의자 하나가 금세 당신을 전혀 다른 장소 다른 시간으로 이끌고 간다.

특히 미니어처 책이나 정원 모자 같은 조그만 액세서리가 함께할 경우, 파티오 역시 아주 매혹적인 공간으로 변신한다. 그런 액세서리가 놓이는 순간, 당신의 상상력은 날개를 펴고 날기 시작할 것이다. 2인치(약 5센티미터)도 안 되는 1/2인치 스케일의 식탁과 조그만 의자 두 개로 아주 황홀한 미니어처 풍경이 탄생된다. 식탁 하나에 의자 네 개가 딸린 1인치 스케일의 파티오 세트라면 당신 가족이 앉을 수 있음은 물론 친구들을 초대해도 될 것이다. 미니어처 정원의 후미진 곳에 편안한 의자 하나를 갖다 놓으면, 아주 특별한 은신처가 되어줄 것이다.

미니어처 안락의자, 소파, 흔들의자, 잔가지 의자, 벤치, 2인용 안락의자 등을 갖다 놓으면 또 다른 메시지와 분위기를 줄 것이다. 그리고 미니어처 정원 가구를 선택해 배치하면서 당신은 휴식과 만족, 일탈, 일체감 등을 맛보게 될 것이다.

미니어처 정원에 두 사람이 앉을 수 있는 의자를 갖다 놓으면, 거기 앉아 책을 읽거나 하는 이런저런 멋진 몽상에 잠겨볼 수 있다.

미니어처 구조물들을 잘 활용하라

정원 안의 구조물들이란 덩굴시렁, 울타리, 다리, 소원을 비는 우물, 벽, 패널처럼 보다 큰 액세서리들을 가리킨다. 어떤 구조물들은 정원 헛간이나 오두막집 같은 건물의 형태를 띠기도 한다. 실물 크기의 구조물들은 대개 옮기기가 힘들고, 그래서 그 주변에 식물을 심게 된다. 그러나 미니어처 정원의 경우, 쉽고 빨리 설치할 수 있는 구조물들이 많다. 게다가 더 좋은 것은 이웃집 도움을 받지 않고 혼자서도 쉽게 옮길 수 있다는 것이다.

대부분의 미니어처 정원 구조물은 1인치 스케일, 즉 대형으로 나와 있다. 실물 크기의 정원에서와 마찬가지로, 이런 구조물을 설치하면 미니어처 정원 전체가 더 현실적으로 보이게 된다.

소원을 비는 우물이나 울타리 같은 일부 구조물은 다른 식물들을 건들지 않고도 쉽게 추가할 수 있고, 그러면서도 설치 즉시 미니어처 정원의 테마 자체를 바꿔 놓는다. 소원을 비는 우물의 경우, 관목들 사이에 설치하면 안성맞춤이며, 그곳에 이르는 오솔길도 있어야 할 것이다. 울타리는 파티오나 길 가장자리에 쉽게 설치할 수 있으며, 화분의 바깥쪽이나 경계선 등에 빙 둘러서 칠 수도 있을 것이다.

정자나 다리 같은 구조물들의 경우, 미니어처 정원에 잘 어울리게 하려면 사전에 약간의 계획이 필요하다. 정자는 오솔길 위에 아치처럼 세우거나 길 끝에 있는 벤치 위에 세울 수도 있다. 물이 없는 강바닥 위에 설치된 미니어처 다리는 조그만 땅속 요정의 은신처로 안성맞춤이다.

요정의 집 같은 구조물들도 미니어처로 나와 있다. 항상 같은 스케일의 아이템들을 고르도록 신경 써라. 예를 들어 1인치 스케일의 정자 밑에 1/2인치 스케일의 벤치가 놓여 있다면 눈에 잘 띄지도 않는다. 또 1/4인치 스케일의 벤치 옆에 1인치 스케일의 새 물통이 있다면, 그 역시 전혀 균형이 맞지 않는다. 이걸 잊지 말라. 미니어처 정원 안에 어떤 집을 집어넣는다면, 그 집이 눈에 띄어 다른 것들은 보이지도 않게 되며, 그야말로 그 집이 미니어처 정원의 초점이 되어버린다.

왼쪽.
낡은 초록색 페인트가 2인용 정원 의자와 탁자와 손수레를 한 세트로 묶어주고 있다.

오른쪽.
휜 목재로 만든 미니어처 흔들의자가 이 파티오의 스타이다.

미니어처 정원 연장과 파티오 용품들

미니어처 연장과 장비들은 당신의 미니어처 정원을 더욱 즐겁게 만들어준다. 조그만 연장, 삽, 갈퀴, 화분 선반, 손수레, 잔디 깎는 기계 등은 모두 미니어처 정원의 테마를 만드는 데 도움을 준다. 정원 연장들을 담은 조그만 통 옆에 벤치가 있고 그 위에 밀짚모자가 하나 놓여 있다면 얼마나 평화로워 보이겠는가. 또 화분 미니어처 정원에 녹이 잔뜩 슨 잔디 깎는 기계가 놓여 있고 그 기계에 긴 풀들이 잔뜩 붙어 있다면 또 얼마나 재미있어 보이겠는가. 이런 모조 연장 및 장비는 미니어처 판매점이나 온라인 샵에서 구입할 수 있다.

미니어처 정원 액세서리가 작을수록 잃어버리기 쉽다. 작은 연장들은 한데 모아 미니어처 원예용 바구니나 양동이에 담고 갈퀴나 삽, 괭이 등은 높다란 냄비에 담아, 미니어처 나무에 기대어 놓도록 하라. 미니어처 밀짚모자의 경우, 실리콘 접착제를 조금 발라 미니어처 정원 벤치에 붙여놓도록 하라. 그러면 다람쥐가 쪼로록 미니어처 벤치 위를 달려간다 해도, 그 조그만 밀짚모자가 날아가버리는 일은 없을 것이다. (솔직히 다람쥐들은 밤이나 도토리를 어디 묻어두었는지 잘 기억하지 못하기 때문에, 미니어처 벤치 위를 지나가게 된 것은 먹을 걸 찾아가다 우연히 그리된 것일 터이다.)

바비큐용 그릴과 화덕, 그리고 모든 종류의 조그만 냄비, 항아리 등도 미니어처 정원에 수많은 즐거움을 가져다줄 수 있다. 거기서 한 발 더 나아가, 그 바비큐용 그릴에 진짜 요리를 하는 것처럼 음식을 올려놓아도 좋다. 화덕에 넣고 뗄 나무토막, 잔가지, 유목 등을 구해보는 것도 재미있을 것이다. 조그만 화분들에 살아 있는 식물들을 심어보는 것도 좋다.

왼쪽.
녹이 슬대로 슨 정원 깎는 기계 위에 윤활유통을 올려놓아 마무리한다면, 정말 실감나는 미니어처 액세서리가 될 것이다.

중앙.
테라코타로 된 쓰다 남은 벽돌 모형들이 이 미니어처 정원에 현실감을 더하고 있다.

오른쪽.
아무리 작은 정원이라도 도구 세트는 필요하니까.

정원 조각상

조각상은 무언가를 깎아 인간이나 동물의 형상을 만든 것을 말한다. 정원의 경우, 조각상이란 대개 돌이나 쇠로 만들었음을 뜻한다. 미니어처 정원에 조각상이나 항아리를 단 하나만 세워 놓아도 전체 분위기가 확 달라질 수 있다. 예를 들어 미니어처 성모 마리아 조각상이나 부처 조각상을 세워 놓는다면, 조그만 인공 동굴이 순식간에 신성한 제단으로 바뀔 것이다. 또한 고전적인 조각상이나 큰 항아리를 세워 놓는다면, 당신의 미니어처 정원 전체가 즉시 유럽풍의 정원이 될 것이다.

실물 크기의 조각상이 온갖 크기로 나오듯, 미니어처 조각상 역시 다양한 크기로 나온다. 그러나 가능하면 정원 전체와 비율이 맞는 미니어처 조각상을 선택하도록 해야 한다. 예를 들어 정원 화단 안에 만든 제법 큰 미니어처 정원에 아주 작은 다비드 조각상을 세워 놓는다면, 그 조각상은 거의 눈에 띄지도 않게 된다. 그런 조각상이라면 중형 크기의 화분 미니어처 정원의 파티오에 세워 놓는 게 더 나을 것이다. 또한 8인치(약 20센티미터) 크기의 목욕하는 여인 조각상이라면, 정원 화단에 만든 미니어처 정원의 연못 근처에 세워 놓는 게 이상적일 것이다.

미니어처 조각상들은 단단하게 바닥에 고정시켜야 한다. 조각상들이 서 있는 받침대가 대부분 그리 넓지 않아 잘못하면 쓰러질 수 있기 때문이다. 드릴을 이용해 조각상 맨 아래쪽에 조그만 구멍을 낸 다음, 그 사이로 금속 막대기를 꽂고 강력 접착제를 칠한 뒤 땅에 꽂아 고정시키면 된다.

왼쪽.
정원을 지켜보고 있는 모형의 얼굴이 행복해 보인다.

오른쪽.
목욕하는 여인 조각상은 그 종류가 많은데, 연못 가까운 데 세워 놓는 게 가장 잘 어울린다.

예술적으로

추상적인 예술을 미니어처 정원에 활용한다는 것은 말처럼 쉽지 않을 수도 있다. 그러나 만일 그런 추상적인 예술을 미니어처 정원에서 보지 못한다면, 현실 세계 어디에서도 그런 걸 볼 기회는 없을 것이며, 스케일을 줄여 미니어처 정원 특유의 환상을 만들어내는 일도 할 수 없을 것이다. 그러니 만일 추상적인 예술 세계를 만들어보겠다고 마음먹었다면, 미니어처 정원 어딘가에 작은 벤치나 눈에 띄는 다른 어떤 액세서리를 갖다놓도록 해보라. 그러면 사람들이 그 벤치나 액세서리를 통해, 그 정원 전체가 미니어처 정원이라는 걸 알게 될 것이다.

동물의 왕국

어떤 정원이든 동물이 들어가면 한층 더 흥미진진해지는데, 특히 미니어처 정원의 경우 동물을 이용하는 방법이 꽤 다양하다. 장난감 및 인형 업계는 미니어처 정원에서 쓸 수 있는 현실감 넘치는 미니어처 네 발 동물들을 다양하게 만들어내고 있다. 애완 동물과 농장 동물도 많아, 선택의 폭은 아주 넓다. 정글이나 숲, 그리고 사막에 사는 동물들을 구하고 싶다면 장난감 및 공예품 전문 상점들을 찾아가보라. 만일 선사 시대 동물이나 수중 동물들을 미니어처 정원의 테마로 삼고 싶다면, 플라스틱 공룡들이나 온갖 종류의 물고기도 구할 수 있다. 이런 미니어처 동물들은 지난 몇 년간 계속 품질도 개선되어, 이제는 색칠도 정교하고 디테일도 살아 있는 미니어처 동물을 찾는 것도 어렵지 않다.

당신은 미니어처 동물의 색을 바꿈으로써, 그것을 정원 예술품으로 탈바꿈시킬 수도 있다. 미니어처 동물을 녹청색이나 청동색 또는 녹물색으로 칠해보라. 그런 다음 그것을 조각상처럼 받침대 위에 올려놓으면 더 눈길을 끌게 된다.

왼쪽.
우유통 미니어처 정원에
홀스타인 젖소를
올려놓으면 기발한
분위기가 만들어진다.

오른쪽.
이 풍경 속에 보이는 것들은
모두 실제로 존재하는
것들이어서, 쉽게 환상이
실현되고 있다.

숲속의 작은 동물들 중 하나인 거북이가
연못에서 나와 나무 위로 올라가고 있다.

나무를 깎아 만든 귀여운 아기 사슴 때문에
정원을 좀 더 자세히 들여다보게 된다.

인공 연못과 호수 등

물과 식물은 서로 잘 어울리는 자연 요소들로, 보는 이의 긴장을 풀어주고 원기를 살려준다. 그리고 인공 연못이나 호수 등을 미니어처로 만들면, 실물 크기의 인공 연못 등에 비해 만들기도 훨씬 간단한 데다 시간과 비용도 덜 들고 관리도 한결 쉽다.

디자인상의 추가 작업은 작은 폭포를 설치하는 것만큼 복잡할 수도 있고 새 물통을 설치하는 것만큼 간단

할 수도 있다. 그리고 자연스러운 인공 연못이나 호수 등을 만들다보면 당신의 미니어처 정원 가꾸기 기술 또한 한 단계 더 올라가게 될 것이다. 조금 큰 호수는 정원 화단에 설치하면 되고, 작은 연못은 조그만 화분에 설치하면 된다. 이때 반드시 호수나 연못의 스케일을 주변 식물들에 잘 맞추어야 한다. 경험상 3등분 법칙을 따르는 것이 가장 보기가 좋다. 그러니까 호수가 미니어처 정원 전체 공간의 3분의 1을 차지한다면 그 나머지 식물 등이 전체 공간의 3분의 2를 차지하고, 호수가 전체 공간의 3분의 2를 차지한다면 그 나머지 식물 등이 전체 공간의 3분의 1을 차지하게 하는 것이다. 물론 연못의 경우는 호수보다는 더 작아도 된다.

미니어처 화분 안에 멋진 호수나 연못을 만들며 즐거운 시간을 보내보라. 아니면 마치 보다 큰 풍경에서 호수만 따로 떼어낸 것처럼, 화분 가장자리까지 물이 꽉 찬 호수만 만들어보라. 당신 자신만의 호숫가 휴양지 내지는 즐겨 찾는 낚시터를 만드는 것이다.

왼쪽.
물가를 진짜 연못처럼 보이게 만들려면 어느 정도 치밀한 계획이 필요하다.

오른쪽.
모든 연못이나 호수 등에 꼭 물을 넣어야 하는 건 아니다. 잘게 간 예쁜 유리 조각들을 넣어 물 느낌이 나게 할 수도 있다.

✱ 분수와 폭포

정원 한쪽 화단에 꾸민 미니어처 정원에 진짜 분수나 폭포를 추가하면 기막히게 멋진 풍경이 탄생한다. 미니어처 분수나 폭포를 제대로 만들려면, 가능한 한 가장 작은 펌프를 찾아야 한다. 펌프의 크기는 gph, 즉 시간당 갤런 gallons per hour으로 나타낸다. 더 많은 갤런을 펌프질할수록 펌프가 더 큰 것인데, 대부분의 펌프는 미니어처 정원에 쓰기에는 너무 크다. 시중에 나와 있는 가장 작은 펌프는 35gph로, 2제곱인치(약 25제곱센티미터)가 조금 넘는다. 그런데 펌프가 작을수록 필터가 흙 입자들로 막히지 않게 하는 게 더 힘들어, 관리하기가 그만큼 힘들 수 있다. 그래서 인내심을 갖고 지켜봐야 하며, 언제든 손볼 준비가 되어 있어야 한다.

요즘에는 조그만 테이블용 분수도 있어, 미니어처 정원에 설치하면 아주 그만이다. 이 일체형 분수는 관리하기도 아주 쉽다. 펌프는 내장되어 있으며, 물은 분수 위쪽에서 쉽게 보충할 수 있게 되어 있다. 만일 미니어처 정원 안에 분수를 설치할 생각이라면 화분을 구입하기 전에 먼저 분수를 구입해야 미니어처 정원에 잘 어울릴 것인지를 판단할 수 있다. 미니어처 분수는 보통 선물가게나 원예용품점, 미니어처용품 전문점 등에서 구입할 수 있다. 미니어처 분수를 설치할 때에는 사용 설명서의 지침을 잘 따르도록 하라. 테이블용 분수는 실내용으로 나온 것이므로, 혹시 실외에서 쓰려 할 경우 비를 맞지 않게 잘 가려주어야 한다.

미니어처 정원의
분위기 바꾸기

미니어처 정원을 가꾸는 사람들은 대개 많은 액세서리를 확보하고 싶어 한다. 다양한 액세서리를 갖고 있을 경우, 친구나 가족이 집에 들를 때 그들이 좋아할 만한 액세서리 또는 그들이 보고 즐거워할 만한 액세서리로 바꿀 수 있다. 미니어처 정원에 별 관심이 없는 손님들이 찾아올 경우, 과연 그들이 액세서리가 바뀐 걸 알아차리는지 보는 것도 즐거운 일이다. 미니어처 정원을 어떤 파티나 특별한 기념일에 맞춰 또는 어떤 귀빈에 맞춰 꾸며볼 수도 있는데, 그 또한 미니어처 정원을 가꾸는 또 다른 이유 내지 보람 같은 게 될 수 있을 것이다.

색다른 것을 좋아하는
손님이 오는가?
그렇다면 당신의
미니어처 정원에서 뭔가
색다른 것을 찾아내는
즐거움을 주도록 하라.

실제 정원에서라면 그렇게 하겠는가?

문자 그대로 시중에는 수천 종류의 미니어처 정원용 액세서리들이 나와 있어, 충동구매를 억제하기가 쉽지 않을 수도 있다. 앞서도 잠시 말했지만, 액세서리가 많으면 필요할 때 마음대로 바꿔볼 수 있기 때문에 좋다. 그러나 자칫 잘못하면 정원 안에 이런저런 액세서리들을 잔뜩 집어넣게 되거나, 어울리지도 않는 액세서리들을 선택해 비현실적인 분위기를 만들 수도 있으니 주의하라. 액세서리를 선택할 때는 이렇게 자문해보라. '실물 크기의 정원에 이걸 넣어도 괜찮을까?' 만일 그 대답이 '노'라면, 그 액세서리는 미니어처 정원에도 맞지 않는 것이다. 현실감이 있게 하려면, 액세서리는 적게 쓸수록 좋다.

홍학 액세서리는
기념일이나 축하
행사 등에 쓰면
안성맞춤이다.

미니어처 정원 분위기를 계절 등에 맞게

위 왼쪽.
풍성한 연휴 음식들이 대기 중이다.

위 중앙.
조그만 장식과 나비 리본, 선물 등으로 미니어처 정원에 연말연시 분위기를 낼 수 있다.

위 오른쪽.
조심하라. 이 할로윈 정원은 마법에 걸린 정원인지도 모른다.

아래.
미니어처 정원 안의 벤치를 빨간색 긴 의자로 바꿔보라. 파티 기분이 날 것이다.

미니어처 정원을 활용해서 할 수 있는 일은 수도 없이 많지만, 특히 정원 풍경을 4계절, 특별한 이벤트, 기념일 분위기 등에 맞춰 꾸며보는 일은 정말 즐겁다. 미니어처 정원을 추수감사절 저녁 식사 자리에 쓸 식탁 중앙 장식으로 꾸며보라. 직경 4인치(약 10센티미터)짜리 조그만 미니어처 화분 정원 정도면 적은 돈으로도 꾸밀 수 있지만, 각종 기념일 파티 등에 내놓으면 잊지 못할 추억거리가 될 것이다. 신부 친구들이 선물을 갖고 모이는 일명 '브라이덜 샤워 bridal shower' 파티에는 결혼식을 테마로 삼은 미니어처 정원이 제격일 것이다. 개인 이력, 문화, 역사, 동화, 영화, 책 등등, 그 무엇이든 미니어처 정원의 테마로 삼을 수 있다. 생각만 좀 해본다면, 얼마든지 할 수 있다.

자, 이제 직접 마술을 부려보자

미니어처 정원 프로젝트들

적절한 식물, 적절한 액세서리 등을 골라 한 자리에 모을 수만 있다면, 당신 자신의 작은 세상을 만드는 일보다 더 즐거운 일도 별로 없을 것이다. 그러니 적절한 아이템과 연장 등을 끌어모은 뒤, 미니어처 정원 가꾸기라는 새로운 취미에 몰두해, 창의력을 발휘하면서 즐거운 시간을 보내보자.

이 미니어처 정원은 난쟁이 침엽수와 작은 잎 관목, 기타 자연스런 액세서리들이 어우러져 우거진 숲 같은 느낌을 주고 있다.

화분 속의 작은 정원

이제 본격적인 미니어처 정원 가꾸기에 들어간다. 반나절이면 거의 모든 소형 화분 미니어처 정원을 만드는 데 필요한 기초 과정들을 익힐 수 있다. 그 기초를 토대로 좀 더 크거나 작은 미니어처 정원을 만들 수도 있고, 앞으로 만들 미니어처 정원의 식물이나 액세서리 등을 늘릴 수도 있고 줄일 수도 있다. 화분 미니어처에 심은 식물들은 적어도 2년 정도는 함께 잘 자랄 것이며, 그 이후에는 통째로 다른 화분으로 옮겨 심거나 나눠 심게 될 것이다.

재료

너비와 깊이
각 11인치(약 27.5센티미터)의 화분

난쟁이 나무(대형, 중형) 2그루
(너비 4인치의 화분에 들어 있는)

각기 다른 지피 식물 또는 작은 잎 식물 3그루
(너비 4인치의 화분에 들어 있는)

연장 및 필요 물품

장갑 (선택)
나이프

왼쪽.
유광 처리한 화분 속에서 자라는 단색
실내 미니어처 정원의 초록색 식물들

화분 속의 작은 정원

1

화분의 가장 깨끗한 면을 찾아서, 그쪽이 정원 앞쪽이 되게 한다. 그리고 거의 꽉 찰 때까지 화분에 화분용 영양토를 채워 넣는다. 흙 표면이 화분 테두리보다 0.5인치(약 1.25센티미터) 정도 밑에 오게 하면 된다. 화원 등에서 사온 상태 그대로의 플라스틱 화분을 가볍게 톡톡 두드리면서 나무를 빼내고, 손가락들로 엉킨 뿌리들을 살살 풀어준다.

만일 뿌리들이 꽉 뭉쳐져 있다면, 손가락만으로는 쉽게 풀 수 없으니, 꽉 뭉친 뿌리 부분에 칼을 대고 살살 금들을 긋는다. 그러면 뿌리들에게 파고들 새로운 흙이 있다는 신호를 보내게 된다. 뿌리가 아주 조금만 겉으로 드러나도, 그대로 흙 속에 심도록 한다.

2

만일 식물들을 나눌 수 있다면 뭉친 뿌리들을 살살 잡아당겨 떼어내 나누고, 나뉜 식물들을 보기 좋게 배치한다. 나무들은 화분 뒤쪽에 놓고, 화분의 가장 깨끗한 쪽을 앞으로 향하게 한다. 각 나무의 뿌리 뭉치를 심을 수 있게 조그만 구멍들을 파고, 뿌리 가장 윗부분이 흙 표면과 일치되게 묻는다. 만일 구멍이 너무 깊게 파였다면, 식물을 살짝 들어 올린 뒤 그 밑으로 흙을 밀어 넣는다.

이제는 조그만 화분들에서 지피 식물들을 꺼낸 뒤 뿌리들을 풀어주고, 머릿속에서 디자인했던 대로 그것들을 배치한다. 모든 지피 식물들은 흙에서 동일한 높이로 심어야 한다.

3

식물과 식물 사이는 물론 식물과 화분 사이의 틈새를 없앤다. 그리고 에어 포켓이 생기지 않게 살살 흙을 채워 넣도록 하라. 한 손으로 조심스레 잎사귀들을 들어 올린 상태에서 식물들 사이를 흙으로 채워 넣고, 다른 한 손으로는 화단이 꽉 찰 때까지 더 많은 흙을 속으로 찔러 넣는다.

당신의 맞춤
미니어처 파티오

재료

가루 상태의 미니 파티오 믹스, 약 1파운드(약 0.45킬로그램)
모래, 1/2파운드
파티오 재료: 1/2 파운드의 타일 조각들, 조그만 돌 시트
길이 1피트(약 30센티미터)의 경계 구분 띠
나무 꼬챙이들
미니어처 정원 액세서리들: 벤치, 걸개까지 딸린 걸이용 화분, 꺾꽂이용 세덤류들

연장 및 필요 물품

장갑 (선택)
핸드 클리퍼
가위
분무기 (물이 안개처럼 나가게 조정)

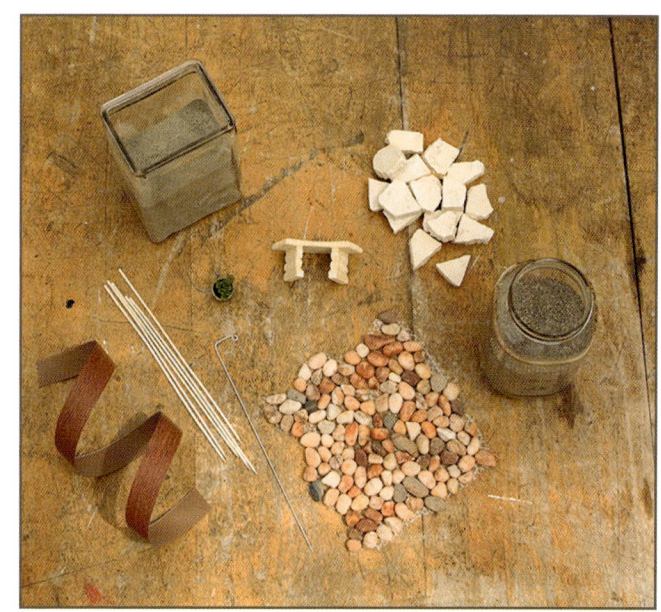

4

화단 전체를 조심스레 화분 뒤쪽으로 밀어 파티오를 만들 빈 공간을 만든다. 바닥에 파티오 재료들을 깔아야 하므로, 이 빈 공간은 흙 표면보다 1인치(약 2.5센티미터)에서 1과 1/4인치(약 3센티미터) 정도 깊어야 한다. 먼저 이 공간 바닥에 3/4인치(약 1.8센티미터) 두께로 모래를 깔고 그 다음에 파티오 믹스를 깐다. 완성된 파티오 바닥이 주변 흙 높이와 일치해야 하므로, 빈 공간은 파티오 재료와 돌, 또는 타일을 깔 수 있을 정도의 두께만큼 낮아야 한다. 미리 정해놓은 디자인에 따라 정원 전체 모양을 S자나 U자가 되게 만들라. 파티오가 들어설 공간을 손으로 평평하게 고르면서 부드럽게 다져 안에 빈 공간들이 생기지 않게 한다.

당신의 맞춤 미니어처 파티오

1

경계 구분 띠의 끝부분을 미니어처 화분의 커브 모양에 맞춰 일직선이나 곡선, 또는 사선으로 조금 잘라낸다. 경계 구분 띠를 하는 이유는 파티오 바닥에 가루 상태의 파티오 믹스를 깐 뒤 분무기로 물을 뿌려 굳힐 때, 그 재료들이 화단 쪽으로 쓸려 들어가지 않게 하기 위해서이다. 그리고 화단 너비에 맞춰 잘라낸 경계 구분 띠의 끝부분을 꼭 쥐고 있는다. 그런 다음 나무 꼬챙이를 꽂아 경계 구분 띠를 고정시키고, 다시 정원 화단 모양에 맞추어 구부린다. 두 번째로 잘라내고 싶은 곳을 손가락으로 표시해둔 뒤, 표시한 부분보다는 조금 길게 경계 구분 띠를 잘라낸다.

2

경계 구분 띠가 화분 뒤쪽으로 바싹 붙게끔 나무 꼬챙이들을 꽂는다. 경계 구분 띠가 잘 맞지 않으면, 다시 들어내 끝부분을 조금씩 깎아준다. 이때 경계 구분 띠가 화단 모양에 꼭 맞게, 또 경계 구분 띠 끝부분들이 화분 벽에 꼭 맞게 해야 한다. 그리고 경계 구분 띠가 제대로 서 있게끔 구부러진 부분들에는 나무 꼬챙이를 꽂는다. 구부러진 가운데 부분의 경계 구분 띠에도 나무 꼬챙이를 꽂아 단단하게 받쳐준다. 경계 구분 띠 상단 부분은 화분 상단 부분과 수평이 되면 된다. 그리고 경계 구분 띠 양 끝에 흙을 채워 쓰러지지 않게 한다. 그러면 이제 파티오를 만들 준비가 다 된 것이다. 다음 단계로 넘어가기 전에 파티오 지역의 흙은 마른 상태로 있어야 하니, 아직 식물들에게 물을 주지는 말라.

3

파티오 지역에 마른 화분용 영양토를 보충하되, 경계 구분 띠 상단에서 적어도 1인치(약 2.5센티미터)는 남겨두도록 한다. 필요하다면 흙을 더 보충해, 파티오 지역 일대의 표면이 평평하게 되도록 한다. 이때 흙을 살살 잘 다져 속에 에어 포켓이 생기지 않도록 한다. 그런 다음 파티오 지역에 1/4인치 정도 깊이로 모래를 붓는다. 이 모래층은 가루 상태의 미니 파티오 믹스와 흙과 식물 뿌리 사이에서 완충 지대 역할을 하게 된다. 그런 다음 모래를 고르게 펴 파티오 지역을 평평하게 만든다. 일부 모래는 구석구석까지 몬다. 그런 다음 가루 상태의 미니 파티오 믹스를 붓는다. 그리고 손으로 고르게 펴 평평하게 만든다. 이 파티오 믹스는 그 깊이가 약 1/2인치가 되면 된다.

4

이제 파티오 바닥재나 타일들을 테이블 위에 늘어놓는다. 모양과 크기들이 다를 것이다. 자갈들과 조약돌 시트도 꺼내놓는다. 만일 파티오 가운데나 가장자리에 오솔길 같은 걸 낼 생각이라면, 먼저 그 오솔길을 만들고 그 다음에 파티오 바닥 돌들을 깔도록 하라. 조각 그림 맞추기라고 생각하고, 먼저 가장자리부터 시작하는 것이다. 한쪽 끝에서 다른 쪽 끝으로 조심조심 돌들을 깔되, 가장 보기 좋은 모양으로 배열하도록 한다. 이때 돌들의 상단 부분은 서로 수평이 되면서 동시에 화분 테두리와도 수평이 되게 한다. 만일 어떤 타일이 다른 쪽들은 완벽하게 잘 맞는데 어느 한쪽에 큰 틈새가 생겨 보기 싫다면, 다른 타일로 바꾸도록 한다. 전체적으로 파티오 바닥 타일들 간의 틈새가 일정해야 진짜 파티오 바닥 같아 보인다.

5

흙 속에 돌을 깔 때마다 손으로 만져 보고 다른 타일들은 물론 화단 경계 구분 띠나 화분 테두리와도 수평이 맞는지 확인하도록 하라. 그리고 만일 확인 결과 어떤 타일이 너무 낮게 깔렸다면, 그 타일을 살짝 들어 올린 뒤 그 밑에 가루 상태의 파티오 믹스를 좀 더 보충해 넣고, 다시 수평 상태를 확인한다.

돌들을 모두 쌓고 난 뒤에는 납작한 나무 조각이나 쓰지 않은 타일 조각을 이용해 살살 다져준다. 그러면 돌들의 윗면이 서로 평평하게 되어, 전체적으로 평평한 파티오 바닥이 만들어지게 된다.

6

이제 파티오 돌들 한가운데에 가루 상태의 미니 파티오 믹스를 조금 들이붓는다. 이때 다른 한 손으로 화단 쪽을 가려, 파티오 믹스가 화단으로 흘러 들어가지 않게 한다. 그런 다음 손바닥으로 파티오 믹스를 골고루 펴주면서 파티오 구석구석으로, 또 파티오 가장자리의 돌들 속으로도 들어가게 한다. 그리고 화분 옆을 조심스레 톡톡 두드려, 돌들과 파티오 믹스가 잘 섞이고 파티오 흙 안에 에어 포켓이 생기지 않게 한다. 그런 다음 다시 파티오 바닥 돌들의 수평 상태를 확인한다. 그리고 필요하다면 파티오 믹스를 좀 더 추가한다.

당신의 맞춤 미니어처 파티오

7

남는 파티오 믹스는 손으로 살살 긁어모아 훗날 쓸 수 있게 잘 보관해두도록 하라. 이때 타일과 대리석, 유리 조각 등의 모서리는 아주 날카로울 수 있으니 조심해야 하며, 또한 남은 파티오 믹스를 긁어모으는 과정에서 돌들이 흔들리지 않게 해야 한다. 만일 파티오 믹스가 정원 화단 안으로 들어간 경우, 이미 다 해놓은 작업이 망가지지 않게 파티오가 자리를 다 잡은 다음에 씻어내도록 하라. 또한 나무 꼬챙이들이 더 이상 경계 구분 띠를 받쳐주는 일을 하지 못할 경우, 조심해서 살살 제거해도 좋다. 나무 꼬챙이를 빼내 생긴 구멍은 파티오 믹스로 메워버리도록 하라. 그러나 만일 경계 구분 띠가 아직 그 자리에 있어야 할 경우, 나무 꼬챙이를 중간쯤에서 잘라내 파티오 바닥 바로 아래쯤에 묻히게 하면 된다. 이 시점에서 정원 화단을 건들면 화단 흙과 파티오 믹스가 뒤섞이게 되므로 정원 화단은 아직 건들지 말라.

8

물이 안개처럼 나가게 분무기를 조정해, 파티오의 한쪽 끝에서 다른 쪽 끝까지 가볍게 물을 뿌린다. 그런 식으로 파티오 전체에 물을 뿌려, 돌들을 닦아내고 가루 상태의 파티오 믹스를 흠뻑 젖게 만든다. 그러다가 파티오 표면에 물이 고이기 시작하면 물 뿌리는 일을 중단한다. 모래나 남은 파티오 믹스를 털어내는 일은 파티오가 다 건조된 뒤에 하도록 하라. 그렇지 않으면 파티오 표면의 질감이 떨어져 실제 파티오 바닥처럼 보이지 않게 된다. 식물에 물을 줄 때는 화단 뒤쪽에서 살살 그러나 흠뻑 주도록 하라.

파티오는 천천히 건조시키는 것이 좋다. 천천히 건조될수록 더 강해지기 때문이다. 만일 파티오를 휴대 가능한 화분 안에 만들었다면, 그늘 진 장소에 이틀 정도 갖다 두어 파티오가 너무 빨리 건조되지 않게 하라. 만일 파티오를 햇빛이 강한 정원 화단에 만들었다면, 적어도 하루 정도 비닐봉지 같은 걸로 덮어두도록 하고, 나무 꼬챙이나 큰 돌을 이용해 그 비닐봉지가 벗겨지지 않게 하라. 첫날 시간 나는 대로 종종 분무기로 파티오에 물을 뿌려주면 건조 시간이 길어지게 된다.

9

파티오를 만드는 건 몇 시간이 안 걸리지만, 건조시키는 데는 그보다 오랜 시간이 걸린다. 완전히 건조되기 전까지는 파티오 지역을 최대한 조심해서 다루도록 하고, 적어도 24시간 동안은 햇빛이 들지 않는 곳에서 축축한 상태를 유지할 수 있도록 하라. 그런 뒤 액세서리를 추가해 파티오를 완성시키면 된다. 또 만일 파티오 전체를 다른 장소로 옮기고 싶다면, 최소한 한두 달 후에 옮기도록 하라.

✱ 파티오 손보기

파티오 안에 금이 가거나 틈새가 벌어질 경우, 그 부분을 완전히 말린 다음 건조한 상태의 미니 파티오 믹스를 뿌리고, 넘치는 파티오 믹스를 쓸어낸 뒤 분무기로 물을 뿌려 적신다.

파티오가 완전히 건조된 후에는 액세서리를 갖다 놔도 좋다.

정원 화단의 조약돌 파티오

조그만 파티오 안에 깔려 있든 아니면 정원 화단 중앙을 가로지르는 오솔길에 깔려 있든, 조약돌들은 미니어처 정원에 아름다운 질감과 색을 보탠다. 또한 조약돌 파티오는 영구적인 형태의 파티오보다 더 간단히 그리고 더 빨리 만들 수 있어, 미니어처 정원 애호가들에게 인기가 높다. 조약돌은 그 형태와 색깔이 거의 무궁무진하니, 선택의 폭을 최대한 넓혀 과감하게 이런저런 실험을 해보도록 하라.

재료

경계 구분 띠, 길이 2피트(약 60센티미터)
나무 꼬챙이, 4개
작은 조약돌, 약 2파운드(약 0.9킬로그램)
풍경 천, 가로·세로 약 12인치(약 30센티미터)

연장 및 필요 물품

장갑 (선택)
모종삽
가위
무릎 패드
미니어처 정원 가구

조그만 조약돌들은 단순하면서도 정교한 파티오 분위기를 만들어낸다.

정원 화단의 조약돌 파티오

1
파티오를 만들고자 하는 지역을 깨끗이 정리한 뒤, 약 1인치(약 2.5센티미터) 깊이로 흙을 파낸다.

2
흙을 파낸 지역에 경계 구분 띠를 이용해 울타리를 치고 나무 꼬챙이들을 박아 고정시킨다. 경계 구분 띠는 그 안에 담은 조약돌들이 정원 화단 쪽으로 흩어지지 않게 막아주는 역할을 하게 될 것이다. 한쪽에서 다른 한쪽으로 작업을 해나가되, 이때 경계 구분 띠가 골고루 평평해야 한다. 남는 부분은 잘라내라. 그리고 흙을 보태거나 빼내 파티오 지역이 1인치 깊이로 평평해지게 만들어라. 경계 구분 띠 뒤쪽, 그러니까 정원 화단 쪽은 경계 구분 띠 상단 바로 밑까지 흙을 채워 넣도록 하라.

3
검은 비닐의 모서리 한쪽 면을 기준으로 잡고 파티오 지역 위에 짝 펼친다. 검은 비닐을 고정시킨 채 경계 구분 띠를 따라 파티오 지역에 맞게 비닐을 잘라낸다. (천 밑에 깔려 경계 구분 띠가 보이지는 않지만 가위질을 하다보면 느낌으로 띠의 위치를 알 수 있을 것이다.) 밑에 검은 비닐을 깔면 조약돌들을 깨끗하게 유지할 수 있고, 그 덕에 미니어처 파티오 역시 몇 년이 지나도 늘 깨끗해 보인다. 그리고 파티오에 변화를 줄 시기가 되어도, 돌들을 깨끗한 상태로 쉽게 회수해 다시 쓸 수 있다. 검은 비닐 대신 그물망 천이나 올이 굵은 삼베 등을 쓸 수도 있는데, 둘 다 배수도 잘되어 돌들 밑에 깔고 쓰기에 더없이 이상적이다.

4

조약돌들을 준비된 지역에 살살 쏟아 넣는다. 조약돌들이 구석구석까지 가게 손으로 펴주고 가볍게 두드려 평평하게 만든다. 조약돌 파티오를 만들기 위해서는 조약돌 깊이가 1인치(약 2.5센티미터) 정도 되는 것이 이상적이다.

5

액세서리들을 갖다 놓는다. (그런 다음 한 시간도 안 걸려 정원 파티오 설치가 끝난 것을 자축하라.)

매혹적인 실외 공간을 만들어라.

화분 속의 작은 정원

이 사랑스런 화분 정원 안에는 난쟁이 나무 한 그루와 다양한 관목들, 그리고 지피 식물들이 자라고 있어 온통 푸른 잎이다. 이번에는 조그만 오솔길을 내고 그 끝에 비밀 정원을 만들어 미니어처 정원에 예기치 않은 즐거움을 보태보려 한다. 잘 만들어진 다른 모든 비밀 정원과 마찬가지로, 이 비밀 정원 역시 특정 각도에서 보지 않는 한 금방 눈에 띄지 않을 것이다. 물론 이 경우 미니어처 정원이 어느 정도 규모가 되어야 한다. 그리고 정면에서 봤을 때 비밀 정원이 보이지 않을 만큼 꽃나무들도 많이 심어야 한다. 미니어처 화분을 천천히 돌아가는 턴테이블 위에 올려놓는다면, 눈앞에 서로 다른 여러 풍경이 펼쳐지는 즐거움을 맛볼 수도 있을 것이다.

재료

식물들이 심어진 화분, 적어도 직경 12인치(약 30센티미터)

(왼쪽 사진은 드릴로 바닥에 배수 구멍을 뚫은 직경 22인치(약 55센티미터)짜리 화분)

돌 시트, 가로·세로 각 12인치

오솔길에 깔 낱개의 돌들

경계 구분 띠, 길이 12인치

나무 꼬챙이 3-5개

마른 모래

이끼

미니어처 정원 액세서리들

연장 및 필요 물품

장갑 (선택)

핸드 클리퍼

가위

분무기 (물이 안개처럼 나가게 조정)

왼쪽.
이 각도에서 보면, 그 누구도 이 정원 안에 설마 비밀 파티오 공간이 있으리라고 짐작조차 못할 것이다.

화분 속의 작은 정원

1

다양한 높이의 난쟁이 나무와 관목, 지피 식물이 심어져 있는 기존의 미니어처 정원을 가지고 시작한다. 먼저 화분 뒤쪽에 비밀 정원 파티오를 만들기 위한 공간을 비우는데, 그곳은 화분 앞쪽에서 보면 보이지 않게 된다. 또한 작은 오솔길을 낼 만한 공간도 길게 만드는데, 그 오솔길의 폭은 일정한 비율이 되게 한다. 오솔길을 굽은 길로 만들면, 정면에서 봤을 때 화분 뒤쪽 비밀 정원이 보이지 않게 된다.

2

먼저 화분 앞쪽의 흙을 1인치(약 2.5센티미터) 정도 파내 파티오를 만들 공간을 마련한다. 한쪽에서 다른 한쪽으로 작업을 해나가되, 파티오 지역의 테두리에 경계 구분 띠를 두르고 나무 꼬챙이들을 꽂아 고정시킨다. 나무 꼬챙이들은 잘라내 3–4인치(약 7.5–10센티미터) 길이로 만든다. 경계 구분 띠는 재봐서 한 번에 조금씩만 잘라내어 제자리에 넣고 다시 재본다. 그리고 나무 꼬챙이들을 꽂아 고정시킨다. 파티오 지역 전체에 골고루 흙을 깔고 평평하게 다진다. 이때 파티오 지역은 1인치(약 2.5센티미터) 정도 깊게 해, 파티오 재료와 돌, 타일 등을 깔 수 있는 여지를 남겨둔다.

3

파티오 지역에 두께 약 1/4인치(약 0.6센티미터)의 모래를 붓고, 구석구석까지 골고루 편다. 그런 다음 그 모래 위에 다시 약 1/2인치(약 1.25센티미터)의 파티오 가루 믹스를 붓고 구석구석까지 골고루 편다.

4

돌 시트를 파티오 지역에 올려놓은 뒤 파티오 모양에 맞춰 잘라낸다. 사용하지 않은 시트의 돌들은 따로 빼내 필요한 곳에 채워 넣도록 하라. (돌들을 그물망에서 그냥 떼내도 좋지만, 그물망이 섬유유리로 된 경우에는 장갑을 사용하도록 한다.) 한쪽에서 다른 한쪽으로 작업을 해나가며, 그림 맞추기 하듯 가장 잘 맞는 돌들을 조합해나가되, 돌과 돌 사이의 간격이 일정하게 유지되도록 신경 써야 한다. 돌의 상단 부분들끼리 서로 수평을 이루고, 화분의 테두리와도 수평을 이루는 것이 중요하다.

5

돌들 위에 가루 상태의 미니 파티오 믹스를 조금 부은 뒤 손으로 펴 구석구석으로 밀고 틈새들을 메운다. 넘친 파티오 믹스는 솔로 털어낸다.

6

다시 한 번 파티오 바닥 돌들이 수평이 되는지를 확인한 뒤, 분무기로 살살 물을 뿌려준다. 한쪽 끝에서 다른 쪽 끝으로 작업을 해나가며, 표면에 물이 고이기 시작하면 물 뿌리기를 멈춘다.

7

이제 파티오 바닥 이외의 작업을 시작한다. 낱개의 돌들을 이용해 화단 사이로 지나가는 징검다리 길을 만드는 것이다. 보다 작은 두 번째 파티오(이 파티오에서는 미니 파티오 믹스를 뿌려 굳히지 않음)를 만드는데, 마찬가지로 한쪽 끝에서 다른 쪽 끝으로 작업을 해나간다. 이때에는 경계 구분 띠를 쓰지 않으며, 그냥 눈짐작으로 봐가며 원이나 사각형 모양의 파티오를 만들면 된다. 물론 화단을 가로지르는 오솔길과 이 두 번째 파티오를 만들 때에도 돌과 돌 사이의 간격을 일정하게 유지해주어야 한다.

8

돌과 돌 사이의 빈틈에는 이끼를 조금씩 잘라 넣어준다. 파티오의 돌들 사이에 이끼를 넣을 때는 대충 막 넣어 최대한 자연스럽게 보이게 해야 한다.

9

두 파티오가 완전히 건조되면, 양쪽에 액세서리들을 갖다 놓는다. 비밀 정원이라는 것을 잊지 말고, 사람들로 하여금 스스로 숨겨진 정원을 발견하는 기쁨을 맛보게 해줘야 한다.

한적한 오솔길이 한 파티오와 다른 조그만
비밀 정원 파티오를 이어주고 있다.

물이 흐르지 않는 강

진짜 물이 흐르는 미니어처 강을 만들려면 복잡한 장비 및 관리가 필요할 수 있지만, 물이 흐르지 않는 미니어처 강을 만드는 것은 최소한의 노력만으로도 가능하다. 그리고 만일 그 강이 정원 화단의 미니어처 정원 안에 있다면, 꽃나무를 심거나 풀을 뽑기 위해 정원 안에 들어갈 계기를 만들어줄 수도 있다. 화분 안에 들어 있는 5인치(약 12.5센티미터) 길이의 강이든 아니면 정원 화단에 들어 있는 5피트(약 150센티미터) 길이의 강이든, 그 강에 깔린 바위와 돌과 조약돌들은 스케일이 적절히 맞아야 하고 색도 자연스레 어울려야 한다. 그리고 강의 모습이 자연스러워 보이도록 바위를 몇 개 갖다 놓도록 하라. 자연 상태의 강을 보면 알 수 있겠지만, 강가에는 대개 솔송나무, 가문비나무 같은 나무들과 보다 작은 관목들이 자란다.

재료

미니어처 바위들
돌들
조약돌들
미니어처 통나무와 그루터기들
미니어처 다리

연장 및 필요 물품

장갑 (선택)
정원용 갈퀴 또는 모종삽

물이 마른 강 위에 놓인 빨간 다리는 호기심을 자극한다.

물이 흐르지 않는 강

죽은 통나무와 큰 돌들은 물이 마른 강에서 흔히 볼 수 있는 것들이다.

1

기존의 미니어처 정원의 경우, 원예용 갈퀴나 모종삽을 이용해 강바닥을 약 1-2인치(약 2.5-5센티미터) 깊이로 조금씩 파낸다. 실제 강둑을 생각해 식물들 바로 앞까지 파내도록 하고 일직선으로 파내 곧은 강을 만들고 싶다는 충동을 피하도록 하라. 만일 새로 미니어처 정원을 만드는 경우라면, 강둑 가장자리에는 가장 짧은 식물들을 심고 눈에 확 띄게 묘하게 생긴 나무도 한 그루 심도록 하라.

2

흙을 파낸 강 양옆에 가장 큰 미니어처 바위들을 되는 대로 막 갖다 두어 강둑 역할을 하게 한다. 이때 미니어처 바위들은 식물들 사이를 자연스레 파고 들어가 있는 형태가 되게 하고, 어떤 눈에 띄는 패턴이 없게 마구잡이로 놓아야 한다. 오랜 세월 강물이 흐르면서 바위들을 어떤 식으로 강가로 밀어붙일지를 생각해보면 된다. 두어 개의 바위는 강바닥 중앙을 향해 튀어나오게 두어 좁은 물줄기를 만드는 역할을 하게 하라.

3

큰 바위들 옆에 조금 작은 바위들을 갖다 놓아. 큰 바위 옆에 자연스레 작은 바위가 붙어 있는 형태가 되게 하라. 일부 바위들은 강 중앙을 향하게 한다. 이때 조금 작은 바위들 역시 일정한 패턴 없이 마구잡이로 놓아야 한다. 이제 강둑에는 크고 작은 바위들이 제멋대로 늘어서 있게 된다.

4

강 가장자리에는 조그만 통나무와 그루터기를 몇 개 갖다 두어라. 자연 상태에서 나무토막들이 어떤 식으로 강 가장자리에 걸려 자리를 잡게 되는지를 생각해보라. 아니면 꺾어진 지 몇 십 년된 고목이 이제는 거의 다 썩은 채 반은 강에, 그리고 나머지 반은 강둑에 걸쳐 있는 모습을 만들어도 좋다.

물이 흐르지 않는 강

5
강바닥에 조그만 조약돌들을 쏟아붓는 것으로 마무리한다. 중요한 것은 조약돌들로 덮여 흙이 보이지 않아야 한다는 것. 그리고 조약돌들을 강둑을 따라 늘어선 보다 큰 바위들 주변에 뿌리도록 하는 것이다. 만일 강바닥의 규모가 꽤 크다면, 강바닥 위를 발로 꽉꽉 밟아 조약돌들이 제자리를 잡게 해주어도 좋다.

6
그런 다음 분무기로 바위와 조약돌에 물을 뿌려 먼지를 씻어낸다. 이런 식으로 물을 뿌리면, 바위와 조약돌들이 제자리를 잡는 데도 도움이 된다.

7
자연 풍경을 만들 때든 숲 풍경을 만들 때든, 액세서리를 갖다 놓으면 보는 사람으로 하여금 그 풍경의 스케일을 알 수 있게 해준다. 자신의 미니어처 정원의 테마에 맞는 액세서리를 선택하도록 하라. 예를 들어 산길 분위기를 내려면 다리 액세서리가, 그리고 숲 분위기를 내려면 야생 동물 액세서리가 좋을 것이다. 동물들은 특히 잘 어울리니, 강가 덤불 사이에 동물 액세서리를 집어넣어보라. 만일 다리 액세서리를 쓴다면, 마음의 하이킹을 떠나고 싶을 때 다리 양 끝에 이어지는 오솔길이 있다는 걸 잊지 말라. (하이킹을 떠날 때는 누군가에게 꼭 어디로 간다는 얘기를 남기고, 휴대폰은 배터리를 완전히 충전시킨 뒤 갖고 떠나도록 하자.)

다리를 건너면
숲으로 이어진다.

화분 속의 연못

실물 크기의 연못을 사랑하는 건 쉽지만, 그걸 만들고 유지하기 위해 들여야 하는 시간과 돈을 사랑하긴 쉽지 않다. 그런 점에서 만들기 쉽고 돈도 얼마 안 드는 미니어처 연못은 훌륭한 대안이 되고도 남는다. 여러 화분에 담긴 식물들이 색과 질감 면에서 서로 보완이 된다면 미니어처 정원 풍경에 일관성이 생겨 더 좋겠지만, 꼭 그럴 필요는 없다. 다만 미니어처 정원 식물들은 한 화분 안에서 몇 년씩 함께 살아가야 할 수도 있어, 품질이 뛰어난 화분 구입에 돈을 쓰는 것은 괜찮은 투자이다. 액세서리 사용은 가급적 자제하는 게 좋지만, 연못이 포인트인 연못 정원의 경우에는 연못가에 조그만 개구리 한 마리가 살게 해주는 것도 재미있을 것이다.

재료

정원 전체를 위한 큰 화분
보다 작은 연못용 화분 (배수구 없는 걸로)
중형 플라스틱 식물 화분들, 2–4개
당신이 선택한 식물들
조그만 조약돌들
검은 비닐, 가로·세로 각 12인치(약 30센티미터)
화분용 영양토
액세서리들

연장 및 필요 물품

장갑 (선택)
칼
물 한 주전자

왼쪽.
연못과 분수 등은 미니어처
정원을 매력적으로 만들어준다.

화분 속의 연못

1

사전에 연못을 설치할 최적의 장소를 생각해둔다. 대개는 중심에서 벗어난 위치가 더 보기 좋다. 정원 화분 바닥에 플라스틱 화분 두어 개를 거꾸로 쌓아 전체 화분 속에서 연못 높이를 어느 정도로 잡을 것인지를 가늠해본다. 연못을 플라스틱 화분 몇 개 높이에 만들 것인지 하는 것은 큰 화분의 깊이가 어느 정도인지에 따라 달라질 것이다. 이제 거꾸로 쌓은 플라스틱 화분들 맨 위에 연못용 화분을 올려놓는다. 플라스틱 화분들로 만들어진 이 불안정한 연못용 화분 발판은 이후 그 주변에 흙을 가득 채움으로써 안전하게 서 있게 될 것이다. 연못 화분의 높이는 커다란 화분 가장자리보다 1인치(약 2.5센티미터) 정도 높아야 한다. 그래야 사람이 연못 가장자리에 앉는다고 가정했을 때 편안한 자세가 나온다. 이제 거꾸로 쌓은 플라스틱 화분들에 뭔가를 보태든 빼든 잘라내든 하여, 그 위에 연못용 화분을 얹었을 때 원하는 높이가 되게 만든다.

2

거꾸로 쌓은 플라스틱 화분들 주변에 흙을 들이붓는다. 이때 흙 속에 에어 포켓이 생기지 않게 한다. 플라스틱 화분들 주변이 흙으로 꽉 차면, 이제 정원 식물들을 심기 시작한다.

3

가장 큰 나무들은 화분 뒤쪽에 심고, 그 앞쪽으로 갈수록 작은 식물들을 심어, 가장 작은 식물들은 연못 근처에 심도록 한다.

4

식물들을 다 심고 나면 화단 가장 자리를 다듬어준다. 그리고 약 1/2인치(약 1.25센티미터) 깊이로 흙을 파내 파티오를 만들 공간을 확보한다.

5

파티오를 만들 자리의 바닥에 검은 비닐을 깐다. 그러면 조약돌들을 좀 더 오래 깨끗한 상태로 유지할 수 있다. 이 검은 비닐이 조약돌들과 흙 사이에 경계 역할을 해주므로, 따로 경계 구분 띠를 쓸 필요는 없다. 이제 파티오 지역에 조그만 조약돌들을 부어 연못 가장자리보다 1인치 정도 낮게 만든다. 손바닥으로 조약돌들을 다져, 파티오 바닥 표면이 연못 화분을 둘러싼 정원 화단 높이와 일치되게 만든다. 마지막으로 자갈들 속에 징검다리처럼 밟고 다닐 디딤돌들을 박아 넣는다.

6

이제 연못 화분 속에 깨끗하고 맑은 물을 붓는다.

화분 속의 연못

7

파티오에 미니어처 액세서리를 추가해 연못 정원의 새로운 포인트로 부각시킨다.

✽ 연못 화분에 나 있는 배수 구멍 메우기

재료
코르크
실리콘 접착제
막대기 또는 꼬챙이

1 화분과 코르크는 바짝 마른 상태여야 한다.

2 배수 구멍에 맞게 코르크를 깎아낸다. 코르크가 구멍 위나 아래로 삐져나오지 않게 구멍 깊이에 맞춰 코르크의 위아래를 잘라낸다.

3 꼬챙이를 이용해 구멍 전체에 실리콘 접착제를 바른다.

4 코르크를 구멍 안에 집어넣는다.

5 화분 안쪽과 바깥쪽 코르크 주변에 실리콘 접착제를 바른다.

6 밤새 실리콘 접착제를 말린다.

7 혹 실리콘 접착제가 마르는 과정에서 흘러내렸다면 칼로 잘라낸다. 단 이때 구멍을 메운 실리콘 접착제에 손을 대는 일이 없게 한다.

8 이제 물을 부어 새는지 여부를 테스트해본다. 그래도 샌다면, 물을 쏟아버린 뒤 연못 화분을 완전히 건조시킨다. 새로 실리콘 접착제를 바른다. 밤새 말린 뒤 다시 테스트해본다.

연못가에 의자를 갖다 놓으면 더운 날 거기 앉아 시원하게 쉴 수 있을 것이다.

좀 더 가까이 다가가보라. 자연 상태의 호수에서 볼 수 있는
편안한 풍경을 이 미니어처 호수에서도 보게 될 것이다.

호숫가의 은신처

어떤 사람들에게는 개인 호수를 갖는 것이 호화로운 생활의 극치인데, 이젠 당신도 당신 자신의 개인 호수에서 멋진 레저 생활을 즐길 수 있다. 당신 친구와 가족과 동료들에게 방금 막 호숫가 저택을 구입했다고 말해보라. 사람들이 당신에게 공짜 커피를 사주는 등 이런저런 소소한 친절들을 베풀기 시작할 것이다. 친구나 가족들에게 바비큐 파티를 연다며 그 호수로 초대하면 더 재미있을 것이다. 그들을 초대할 때 잊지 말고 수영복과 타월도 꼭 가져오라고 해라.

재료

물가에 식물들이 심어진 나무 상자
두툼한 검은색 비닐, 가로·세로 2피트×1.5피트(약 60×45센티미터)
짙은 회색 돌 시트
다양한 크기의 돌들
다양한 크기의 통나무들 (스케일에 맞는)
이끼
화분용 영양토
액세서리 또는 장난감 동물

연장 및 필요 물품

장갑 (선택)
가위
물 한 주전자

*
호숫가 은신처를 만들기 위한 준비 작업

이번 작업에 필요한 나무 상자는 너비 8인치(약 20센티미터)의 송판으로 만들어진 것으로, 바닥에는 1인치 두께의 합판을 댔다. 이 상자의 바깥쪽 전체와 안쪽 벽 상단 2인치(약 5센티미터) 정도까지는 월넛 채색을 했다. 상자 안쪽 나머지 부분에는 채색을 하지 않았는데, 그것은 채색을 할 경우 흙을 오염시키고 식물 뿌리에 악영향을 주기 때문이다. 물을 너무 많이 주거나 비가 올 경우에 대비해, 상자 바닥에는 드릴로 배수 구멍들을 뚫었다. 그리고 상자 바닥에는 1~2인치 두께의 길다란 나무 조각 두 개를 덧댔는데, 그것은 상자를 바닥에서 조금 떨어지게 만들어 배수가 더 잘되게 하기 위해서이다.

호숫가 주변으로는 구석 자리들부터 나무를 심기 시작해 호수 배경이 될 부분에 나무들을 심는다. 그 나무들 아래쪽과 나무와 나무 사이에는 보다 작은 식물들을 심는다. 호수 풍경을 좀 더 고풍스럽게 만들고 싶다면 바위와 통나무, 그루터기 등을 활용해도 좋다.

물이 흐르지 않는 강

수정처럼 맑은 이런 물을 보면,
그 누가 발을 담그고 싶지
않겠는가?

1

나무 상자에 이미 식물들이 심어져 있으므로,
이제 호수를 만들기 위해 불규칙한 모양으로
흙을 파낸다. 나무들이 심어진 정원 흙보다
3-4인치(약 7.5-10센티미터) 정도 더 낮게
파면 된다. 가장자리에는 흙을 좀 더 쌓아
호숫가 모양을 만드는데, 이때 호숫가는 모양이
다소 불규칙해야 자연 상태의 호숫가처럼
보인다.

2

검은 비닐을 호수 지역에 펼쳐놓고 바닥에 돌을 하나 올려놓는다. 비닐이 호수 옆면에 닿은 상태에서 한 손으로 비닐을 잡고 호수 모양에 맞춰 돌아가면서 잘라내게 되는데, 이때 비닐은 호수 가장자리보다 적어도 3인치(약 7.5센티미터) 정도 더 길게 남겨둔다. 마사지하듯 문질러 비닐을 바닥에 붙이면서, 한 손으로 비닐을 잡은 채 호수 가장자리를 따라가며 잘라낸다. 비닐은 나중에 언제든 더 잘라낼 수는 있지만 다시 붙일 수는 없으므로, 이렇게 처음 자를 때 호수 가장자리보다 한참 더 여유 있게 남기는 게 좋다. 넘치는 비닐 부분은 나중에 돌들을 올려놓으면 가려지게 될 것이다.

3

이제 비닐 가장자리를 죽 돌아가면서 가장 큰 바위들을 올려놔, 비닐을 완전히 고정시킨다. 마사지하듯 비닐을 바닥에 붙이다 보면 저절로 접히기도 하지만, 아마 두세 군데는 비닐을 접어야 할 것이다. 필요하다면 비닐을 접도록 하라. 바위들 옆에 먼저 큰 돌들을 채워 넣고 그 다음에는 점점 작은 돌들을 채워 넣으면서, 호숫가 모양을 만들어나간다.

4

이제 미니어처 호수 가장자리에 통나무나 그루터기와 같은 것들을 놓아두어라. 너무 길다거나 삐죽 튀어나온 비닐이 있으면 잘라낸다. 비닐을 잘라낼 때는 이미 자리잡은 돌들이 움직이지 않게 조심해서 잘라야 한다.

5

호수 바닥에 여러 종류의 돌들을 채워 넣기 시작한다. 이때 돌 시트를 이용하면 작업 시간을 단축할 수 있다. 돌 시트를 파이 모양으로 잘라, 삼각형 모양들이 호수 바닥과 옆면에 깔리게 만들면 된다. 돌 시트를 깔면 호수 바닥과 옆면의 검은 비닐도 가릴 수 있어 현실감을 살리는 데도 도움이 된다. 호수 가장자리의 비닐은 돌과 이끼와 통나무, 그루터기 등으로 가리면 된다.

6

이제 호수 지역에 보다 작은 돌들을 채워 넣으면 아직도 눈에 띄는 검은 비닐 부분들도 다 가려지게 될 것이다. 호수 바닥에는 보다 큰 돌 한두 개를 놓도록 하라.

7

이제 호수에 맑고 깨끗한 물을 채워 넣고 액세서리들을 갖다 놓는다. 수상 스키도 꺼내고 보트도 꺼내라.

호수 가장자리에 돌과 미니 통나무, 이끼, 관목 등이 있어 현실감이 더 살아나고 있다.

작지만 사랑스런 잔가지 울타리와 덩굴시렁

울타리를 만드는 것은 정원이 존재한 이래 계속 이어져오고 있는 정원사의 생활 중 일부이다. 그 크기나 스케일과는 관계없이, 나무 울타리는 그것이 둘러싸고 있는 정원에 질서 정연한 분위기와 목가적인 매력을 더해준다. 게다가 약간의 독창성만 가미하면, 여기서 설명하는 연결 기법들을 활용해 직접 정원 액세서리를 만들어볼 수도 있다. 다양한 형태와 질감의 잔가지들을 이용해 원하는 테마의 정원을 만들어보라.

예를 들어 이번 작업에서 울타리와 덩굴시렁은 시골풍의 화분 안에 설치되는 것이므로, 좀 더 운치 있게 빨간색 층층나무 잔가지를 쓸 것이다. 이번 작업은 1인치 스케일로 진행된다. (울타리와 덩굴시렁을 1/2인치 스케일로 만들려면 여기에서 제시된 수치들의 반을 적용하면 되고, 1/4인치 스케일로 만들려면 다시 그 반을 적용하면 된다.)

울타리 재료

다양한 굵기와 길이의 잔가지들
꽃 철사
금속 막대

덩굴시렁 재료

Y자 모양의 잔가지 1개, 길이 8인치(약 20센티미터)

보다 작은 잔가지 3개,
길이 4, 5, 6인치(약 10, 12.5, 15센티미터)

꽃 철사

금속 막대

울타리 및 덩굴 제작에 필요한 연장 및 필요 물품

클리퍼들
철사 절단기
집게
박스 칼
자
드릴

왼쪽.
느릅나무 그늘 아래쪽 정원 가꾸기

잔가지 울타리

> ✻ **잔가지학**

모든 가지가 똑같이 생긴 건 아니다. 다년생 식물의 줄기는 바짝 마르면 부서질 수도 있으므로, 가능하면 나무나 관목의 잔가지를 이용하도록 하라. 어떤 나무와 관목의 잔가지들은 그 속이 부드러워 굳이 구멍을 내지 않아도, 잔가지 중앙으로 철사나 막대를 꽂아 그대로 흙 속에 꽂아 쓸 수 있다.

나무나 관목에서 곧장 꺾은 잔가지들은 즉시 사용할 수도 있지만, 그 전에 2주 정도 말리면 더 단단해진다. 막 꺾은 잔가지를 가지고 작업을 할 경우, 잔가지들이 마르면서 줄어들기 때문에 철사로 이어 붙인 부분들을 다시 단단히 조여주어야 한다.

그러나 막 꺾은 잔가지가 아니면 쉽게 구부러지지 않기 때문에, 울타리를 만들면서 모양을 내거나 구부려야 하는 경우 막 꺾은 잔가지를 이용하는 게 더 좋다. 처음에는 잔가지의 강도를 테스트해볼 겸 천천히 구부려보아라. 안 그러면 나무 섬유에 지나친 부담을 주어 결국 나무의 온전한 상태를 망가뜨리게 된다. 핀을 꽂거나 철사로 묶는 등 여러 방법으로 잔가지들을 고정시킨 뒤 며칠간 말려 구부러진 상태를 유지하게 만든다. 그러면 핀이나 철사를 제거해도 잔가지가 구부러진 상태를 그대로 유지하게 된다.

1

보다 두꺼운 가지에서 잔가지들을 잘라내, 길이 4인치(약 10센티미터) 정도의 울타리 기둥 두 개를 만든다. 기둥 꼭대기는 사선으로 자른다. (실물 크기의 울타리 기둥을 만들 때도 빗물이 흘러내리라고 그렇게 함) 그러나 말뚝 아래쪽은 사선이 아닌 직선으로 잘라낸다.

2

얇은 잔가지들에서 8인치(약 20센티미터) 길이의 잔가지 두 개를 잘라내, 울타리 가로대용으로 쓴다. 이때 잔가지 끝부분을 사선으로 자르든 직선으로 자르든, 그건 상관없다.

3

식탁 위에서 울타리를 제 모양이 나게 정렬한다. 그 상태에서 한 손으로 울타리를 꼭 잡고, 울타리 가로대가 걸쳐질 말뚝 부분에 칼로 표시를 한다. 이후 칼로 표시한 그 부분을 결합하게 되는 것이다. 이런 식으로 울타리 가로대와 말뚝이 만나는 부분에 전부 칼로 표시를 한다.

4

칼로 표시한 부분들을 1/16인치(약 0.15센티미터) 깊이의 V자 모양으로 깎아낸다. 칼로 표시를 한 나머지 세 부분도 역시 V자 모양으로 깎아낸다. 결합 부분을 철사 등으로 묶기 전에 반드시 V자로 파낼 필요는 없지만, 그렇게 해야 나중에 비바람 등을 맞아도 울타리가 더 오래간다.

잔가지 울타리

5
울타리를 뒤집어 말뚝과 가로대를 다시 제 모양대로 배열한다. 그런 다음 말뚝과 가로대가 만나는 모든 말뚝 부분들에 다시 칼로 표시를 한다. 이때 가로대는 서로 수평 상태가 되게 똑바로 놓여야 한다.

6
잔가지마다 1/16인치 깊이의 V자 모양으로 홈을 파내, 잔가지 하나당 2개씩 총 8개의 V자 홈을 파야 한다.

7
철사를 약 3인치(약 7.5센티미터) 길이로 4개 잘라내, 전부 U자 모양으로 구부린다. 가로대와 말뚝을 붙잡고 홈을 파낸 부분을 합친 뒤 U자 모양의 철사로 가로대와 말뚝을 묶고, 철사 끝부분들이 말뚝 뒤쪽으로 가게 한다.

8

말뚝 뒤쪽에 있는 철사 끝부분을 비비 꼰 뒤 집게로 집어 단단히 조인다. 남는 철사 끝부분은 철사 절단기로 잘라낸다. 그런 다음 철사 끝부분을 위 또는 아래로 향하게 해, 완성된 울타리를 미니어처 정원에 설치할 때 찔리는 일이 없게 한다.

9

드릴로 울타리 말뚝 밑부분에 구멍을 뚫는다. 다른 말뚝들 역시 같은 방식으로 구멍을 뚫는다. 얇은 금속 철사를 말뚝 구멍 안에 집어넣은 뒤 접착제를 이용해 고정시킨다.

10

미니어처 울타리가 완성되어 정원에 설치될 때만 기다리고 있다.

잔가지 덩굴시렁

1

Y자 모양의 잔가지를 기준으로, 덩굴시렁을 만드는 데 쓸 가로대 3개를 자른다. 이때 가로대 3개의 길이는 4, 5, 6인치(약 10, 12.5, 15센티미터)가 되게 한다. 이제 각 잔가지들을 테이블 위에 올려놓고 원하는 크기, 원하는 디자인이 되게 만든다.

2

철사를 2.5인치(약 6.3센티미터) 길이로 6개 자른 뒤 전부 U자 모양으로 구부린다. 가로대 하나와 Y자 가지를 함께 쥔 뒤, U자 모양의 철사로 묶어 철사 끝부분이 뒤쪽으로 가게 한다. 뒤쪽에 있는 철사 끝부분을 비비 꼰 뒤 제 모양을 유지할 정도로 단단히 조인다. 그런 식으로 가로대가 제자리에 있게 연결 부위들을 단단히 조인다.

3

이런 식으로 남은 가로대를 하나하나 Y자 가지에 연결한다.

미니어처 덩굴시렁은
난쟁이 으름덩굴을
기르는 데 안성맞춤이다.

잔가지 덩굴시렁

4

덩굴시렁의 가로대들이 수평이 되고 마름모꼴이 제대로 나오게, Y자 모양의 가지와 가로대들을 잘 조정한다. 묶고 남은 철사 끝부분들은 집게로 단단히 조여준다. 이때 철사를 너무 비비꼬지 않도록 조심하라. 안 그러면 철사가 안쪽으로 파고들어 잔가지가 부러지게 된다.

5

남는 철사는 잘라내고 끝부분은 잘 접어, 미니어처 정원에 설치할 때 찔리는 일이 없게 한다.

6

가로대들의 끝부분을 다듬어 일정한 길이가 되게 만든다.

7

Y자 잔가지 끝에 드릴로 구멍을 내 금속 막대(철사)를 집어넣는다.

8

정원에 설치할 준비가 끝난 미니어처 덩굴시렁.

미니어처 정원 관리

당신의 포크를
갈퀴로

모든 정원은 어느 정도 지속적인 관심을 필요로 한다. 당신 사무실 책상 위에 놓여진 미니어처 정원의 식물이든 아니면 당신 집 앞마당에 만들어진 미니어처 제국의 식물이든, 식물들은 주기적인 보살핌을 필요로 한다. 가장 좋은 것은 당신 생활 방식에 잘 맞는 크기와 형태의 소규모 정원을 만들고 가꾸는 것이다. 어떤 미니어처 정원이든, 그것을 만들고 가꿔 나가는 것은 전적으로 당신의 일이다.

미니어처 정원을
돌보는 일은 한 달에
단 몇 분이면 충분할
수도 있다.

당신의 미니어처 세상에 물 주기

미니어처 정원을 가꾸는 데 필요한 일은 규칙적인 물 주기에서부터 일 년에 한 번 식물들을 분갈이해주는 것에 이르기까지 다양하지만, 실물 크기의 정원 가꾸기와는 달리 할 일이 겁먹을 정도로 많지는 않다. 우리는 지금 공예와 원예의 즐거움을 동시에 누리고 있다는 걸 잊지 말라. 미니어처 정원을 구상하고 만드는 즐거움은 공예의 즐거움이고, 미니어처 정원에 식물을 심고 기르고 돌보는 것은 원예의 즐거움이다. 기본적으로 필요한 일들은 실물 크기의 정원들의 경우와 비슷하지만, 미니어처 정원을 가꾸는 데는 물 주는 시간을 빼고 한 달에 단 몇 분만 필요할 수도 있다. 이 장에서는 당신의 미니어처 정원 식물들이 앞으로 수년간 잘 자라게 하려면 어떤 것들이 필요한지를 살펴볼 것이다.

초심자들의 경우에는 언제 물을 줘야 하는가 하는 문제로 주눅이 드는 경우가 많은데, 전혀 그럴 필요가 없다. 가장 먼저 생각해야 할 것은 미니어처 정원이 어디에 만들어졌으며 거기 심은 식물들이 얼마나 많은 물을 필요로 하는가 하는 것이다. 미니어처 정원을 구상할 때는 일반적으로 비슷한 물 주기 패턴을 필요로 하는 식물들을 골라야 하며, 그래야 모든 것이 간단해진다.

새로운 식물들은 흙 속에 뿌리털을 내리는 데 어느 정도의 시간을 필요로 한다. 뿌리털이라는 이름의 이 조그만 덩굴손들은 습기를 빨아들여 식물이 일정 기간 물 없이도 살 수 있게 해준다. 보다 큰 뿌리들은 흙 속을 파고들어 식물을 제자리에 굳건히 서 있을 수 있게 해준다. 흙에 직접 심은 미니어처 식물들의 경우, 첫 해에 신경 써서 물을 주어야 새로운 환경에 제대로 적응한다. 가끔 흙 속에 1인치(약 2.5센티미터) 정도 손가락을 찔러 습한 정도를 체크함으로써 지나치게 많은 물을 주는 것을 피하도록 하라. 물은 어쩌다 한 번 주되 흙 깊숙이까지 주어, 식물 뿌리들로 하여금 스스로 물을 찾는 훈련을 할 수 있게 해주어라. 야외 미니어처 정원의 식물은 봄이나 가을에 심는 것이 가장 이상적인데, 그것은 계절상 가끔씩 내리는 비가 물 주기를 대신해주기 때문이다. 그러나 빗물이 당신 정원 식물들이 필요로 하는 물을 다 채워줄 거라곤 기대하지 말라. 언제든 정원 흙 속에 손가락을 찔러 보는 것이 가장 좋은 습도 체크 방법이다. 첫 해가 지나면, 흙 속에 직접 심은 식물들은 관리에 신경을 덜 써도 되지만, 그래도 비가 오지 않는 건조기에는 조금씩 물을 주어야 한다.

정원은 미니어처일지 몰라도, 그 정원을 가꾸는 데 쓰는 연장들은 표준 크기이다.

화분 정원에 물 주는 것은 보다 꼼꼼해야 하지만 어려운 일은 아니다. 그러나 자칫 잘못하면 물을 너무 많이 줄 수 있으며, 뿌리가 숨을 쉬려면 공기가 필요한데 너무 젖은 흙에는 공기가 없어 문제가 된다. 한편 화분들은 더운 여름에 금방 흙이 말라버린다. 물이 별로 없는 상태에서 살아남는 식물들도 있지만, 대부분의 식물들은 물 부족 상태에서는 살아남기 힘들다.

화분 정원을 조그만 생태계라고 생각해보라. 거기서 자라는 식물들은 스스로 먹을 것과 물을 찾는 데 한계가 있어, 그 모든 것을 당신에게 의존할 수밖에 없다. 당신이 만일 초심자라면, 특히 건조한 계절에 화분을 잘 살펴보아야 한다. 그리고 흙의 습도를 살펴보는 데는 흙 속에 손가락을 찔러보는 것보다 좋은 방법이 없다.

화분 크기에 따라 다르긴 하지만, 모든 화분에는 하나 내지 두 개의 배수 구멍이 있어야 한다. 화분 밑바닥에 돌들을 깔면 배수에 도움이 된다고 주장하는 사람들도 있지만, 굳이 그러지 않아도 상관없다. 그 돌들이 차지하는 공간에 차라리 흙을 더 넣어주는 것이 낫다. 흙이야말로 식물 뿌리들이 가장 필요로 하는 것이니 말이다. 그리고 화분 정원에 물을 줄 때는 화분 아래쪽 배수 구멍으로 물이 흘러나올 정도로 흠뻑 주도록 하라. 식물들의 특성과 온도에 따라서는 이런 식으로 몇 차례 흠뻑 물을 주어야 할 수도 있다. 화분에 물을 더 주어야 하는지 덜 주어야 하는지는 손가락 테스트를 통해 확인하면 된다.

미니어처 정원이 만들어내는
환상은 예술과 공예와
관리의 합작품이다.

식물들은 한창 자라나는 봄과 여름에는 더 많은 물을 필요로 하고 휴면기에 들어가는 가을과 겨울에는 물을 덜 필요로 한다는 점도 잘 기억해두도록 하라. 땅에 직접 심은 식물이든 아니면 화분 안에 심은 식물이든, 정원 식물들의 경우 추위가 몰아치는 겨울 내내 흙이 축축한 상태를 유지해야 한다. 식물 뿌리들은 그 주변 흙이 촉촉한 상태로 얼어 있는 경우에는 견딜 수 있지만, 바짝 마른 상태로 얼어 있는 경우에는 견디지 못한다. 만일 겨울에 흙이 마른 상태처럼 느껴지거나 또는 얼어 있을 거라고 생각된다면, 찬물을 주도록 하라.

미니어처 정원에 물을 줄 때는 늘 화분 뒤쪽에서 살살 주도록 하라. 물 주기에 가장 좋은 시간대는 늦은 오후와 이른 아침이다. 햇빛이 강한 낮 시간대에 주면, 물도 당신의 노력도 금세 증발해버리기 때문이다. 만일 물이 미니어처 파티오에 튀었다면, 마를 때까지 기다리도록 하라. 파티오 바닥 돌에 흙이 튄 경우, 빗자루 대신 마른 붓이나 손가락으로 살살 쓸어주면 된다.

만일 물 주는 일을 잊어먹을까 걱정이 된다면, 일주일 중 한 요일을 골라 물을 주고 달력에 그 요일을 표시하도록 하라. 그런 다음 이후 6개월간 매주 같은 요일에 손가락 테스트로 흙의 습도를 확인하고, 필요할 경우 물을 주면 된다. 그러다 보면 물 주는 일이 제2의 천성같이 자연스레 몸에 배게 될 것이다. 그리고 일정 시간이 지나면, 당신의 식물들이 정확히 언제 물을 필요로 하는지, 또 언제쯤이면 더 이상 특별한 물 주기 스케줄이 필요하지 않은지를 알게 될 것이다.

물을 비슷하게 필요로 하는 식물들을 기르면 물 주는 일이 한결 쉽겠지만, 한 화분에 물을 좋아하는 식물과 건조한 걸 좋아하는 식물을 함께 기를 수도 있다. 물을 좋아하는 식물은 별도의 화분에 심어, 그 상태 그대로 보다 큰 정원 화분에 심도록 하라. 그러면 정원의 다른 식물들과는 별도로 그 식물에게만 물을 줄 수 있다. 물론 땅에 직접 식물을 심는 실외 미니어처 정원의 경우에는 이런 방법을 쓰기가 쉽지 않다. 미니어처 정원의 모든 식물이 같은 날씨에 노출되는데다가 흙의 습도를 따로 관리하기도 어렵기 때문이다.

왼쪽.
흙의 습도를 자주 체크해 물을 너무 많이 또는 너무 적게 주는 일이 없도록 하라.

아래.
화백, '톰 섬브Tome Thumb' 섬개야광나무, '진스 딜리Jean's Dilly' 난쟁이 가문비나무는 필요로 하는 물의 양이 비슷해 관리하기가 한결 쉽다.

오른쪽.
침엽수의 경우, 필요로 하는 물을 잘 맞춰주면 그 잎이 늘 푸릇푸릇하고 윤기가 흐른다.

흙 속에 공기가
통하게 하라

화분의 흙이든 아니면 실외 화단의 흙이든, 흙은 늘 공기가 잘 통해야 하며, 그래서 너무 꽉 뭉쳐지지 않은 상태를 유지해야 한다. 그래야 식물들이 공기를 흡수해 잘 자라고, 물이 식물 뿌리까지 잘 흘러가며, 또한 식물 뿌리가 흙 속으로 잘 뻗는다. 화분 흙은 늘 물을 주어 촉촉했다 말랐다 하는 상황이 반복되기 때문에, 결국 표면이 울퉁불퉁 딱딱하게 굳게 되며, 그래서 물을 주어도 그 물이 식물 뿌리까지 가지 못하고 화분 옆으로 다 흘러넘치게 된다. 그래서 몇 주에 한 번쯤은 못 쓰는 식탁 포크나 작은 막대기 또는 나뭇가지 등을 이용해 흙 속에 공기가 통하게 해주어야 한다. 갈퀴질하듯 식물들 사이의 흙을 약간 깊게 파주고 흙 표면을 가볍게 휘저어주는 것이다. 실외 정원 땅에 식물을 직접 심은 경우, 괭이나 갈퀴 등을 이용해 딱딱하게 굳은 표면의 흙을 부숴주면 된다. 그러면 식물들이 당신에게 고맙다고 할 것이다.

영양분을
공급해주어야 할 때

앞서도 언급했듯, 미니어처 정원에 비료를 주는 것은 우선순위 목록에서 높은 위치를 차지하지 않는다. 미니어처 식물들이 너무 빨리 자라는 걸 원치 않기 때문이다. 그럼에도 불구하고 비료를 주는 것은 당신의 작은 세상 속 식물들이 최대한 오래, 서로 잘 어울려 살게 하기 위해서이다. (이는 변화에 대한 당신의 선호도에 따라 달라질 수도 있다.) 비료를 주지 않고 대신 거름이나 퇴비를 주는 사람들도 있는데, 거름이나 퇴비는 흙을 분해해주고 흙에 영양분을 주는 역할을 한다. 화분용 영양토에도 영양분이 들어 있지만, 2년 정도 지나면 그 영양분이 거의 다 사라지므로, 조금씩 흘러나오는 방식의 유기 비료를 주는 것이 좋다. 중요한 것은 늘 너무 많은 것보다는 적은 게 좋다는 것. 유기 비료를 줄 때는 사용법을 세심히 지키도록 하라.

독특한 영양분 공급을 필요로 하는 식물들도 있다. 1년생 식물은 한참 성장하는 계절에 두어 차례 영양분을 공급해주는 게 좋고, 다년생 식물은 봄과 여름 상반기에 비료를 주면 효과가 좋다. 화분용 미니어처 침엽수들의 경우에는 대개 첫 두 해 정도는 비료를 줄 필요가 없지만, 그 이후에는 한참 성장하는 계절에 조금씩 흘러나오는 방식의 비료를 조금 주는 것이 좋다. 물론 실외 화단에 직접 심은 미니어처 침엽수의 경우에는 비료를 줄 필요가 없다.

미니어처 정원의 흙에
공기를 통하게 해주면
식물들이 잘 자랄
것이다.

지피 식물 관리하기

지피 식물들은 자라는 방식이 다양하다. 식물들의 성장 특성을 잘 알아두면, 각 식물의 성장 범위를 잘 통제해 미니어처 정원의 수명을 늘릴 수 있다.

어떤 지피 식물들은 쭉쭉 가지를 뻗고 그 가지에서 곧장 흙으로 뿌리를 내리는 방식으로 자란다. 스코틀랜드 모스나 아일랜드 모스 같은 덩굴 식물들이 대개 그런 식으로 자란다. 이런 식물들의 경우 새로 뻗어나가는 가지를 쳐줌으로써 힘을 안 들이고 성장을 통제할 수 있다.

다른 지피 식물들은 흙 표면 바로 밑이나 1인치(약 2.5센티미터) 정도의 깊이에서 싹을 틔우며, 흙 밑에서 자라는 그 싹들에서 잎들이 나온다. 그리고 그 식물들이 계속 자랄 수 있는 것은 그 잎들을 통해 빛을 받아들이기 때문이다. 땅 위로 나온 지피 식물의 줄기 끝을 잡아당겨 줄기를 잘라내줌으로써 새로운 싹의 성장을 도울 수도 있다. 미니어처 정원에 일반 정원용 큰 삽을 쓸 수는 있을 테니, 대신 티스푼이나 날카로운 끌 또는 튼튼한 가위를 이용하면 된다.

그리고 또 자생하는 지표 식물들이 있는데, 이런 식물들은 다른 식물들보다 성장 속도도 더 빠르다. 그런 식물들은 눈에 띌 때마다 그냥 뽑아버려라. 그렇게 원치 않는 식물들은 시간이 지날수록 점점 더 제거하기 힘들어지므로, 눈에 띄는 대로 바로바로 뿌리째 뽑아버려야 한다.

맨 흙이 드러난 곳에는 바닥에 붙어 자라는 식물들로 채워 넣어라.

식물들을 나누고 옮겨 심기

만일 화분 미니어처 정원을 가꾸고 있다면, 지피 식물들은 2년 정도마다 한 번씩 나눠 심어야 할 수도 있다. 얼핏 듣기에는 아주 큰일 같지만 막상 해보면 별일 아니며, 생각보다 시간도 많이 걸리지 않는다. 먼저 미니어처 정원 뒤쪽에서부터, 화분 뒤쪽을 따라 모종삽을 살살 흙 속에 집어넣는다. 화분 모서리에 기댄 채 모종삽을 들어 올리려 하면 화분이 깨질 수 있으므로, 손으로 모종삽 끝에 힘을 주어 살짝 들어 올려 식물 뿌리가 흙 밖으로 조금 빠져나오게 한다. 모종삽을 빼낸 뒤 이제는 식물의 반대쪽에서 똑같은 요령으로 살짝 들어 올린다. 아마 화분 밖으로 나온 식물의 뿌리를 일부 잘라내야 할 것이다. 식물이 몽땅 흙 밖으로 살짝 나오게 되면, 손을 이용해 지피 식물을 통째로 살살 화분 위로 들어 올린다. 부드러운 롤빵을 자르듯 조심조심 그러나 단호하게 그 지피 식물을 잡아당겨 둘로 나누도록 하라. 둘 중 더 쓸만한 지피 식물을 다시 미니어처 정원에 집어넣되, 가장 보기 좋은 쪽이 정원 앞쪽을 향하게 하라.

그렇게 되기까지는 여러 해가 걸리고, 또 당신이 기르는 식물 종류와 화분 크기에 따라 상황이 다르긴 하지만, 미니어처 정원의 식물들은 나중에 결국 화분에 비해 더 커지게 된다. 갓 구운 케이크를 빵 굽는 팬에서 떼어낼 때 그렇게 하듯, 부엌칼이나 모종삽을 이용해 화분 안쪽을 따라가며 깊숙이 찔러 넣도록 하라. 그러면 화분 옆면에 붙은 식물 뿌리가 전부 잘라지게 된다. 그런 다음 정원 화분을 옆으로 기울인 채 한 손으로 잘 잡고, 나머지 한 손으로 살살 달래듯 미니어처 정원을 통째로 화분에서 끄집어낸다. 정원이 통째로 화분에서 빠지면, 다른 화분으로 옮길 식물들을 분류하기 시작하고, 서로 엉켜 있는 뿌리를 살살 떨어뜨린다. 그렇게 분리한 식물들은 다른 미니어처 정원을 가꾸는 데 쓸 수도 있고, 실외 화단에 옮겨 심을 수도 있고, 미니어처 정원을 가꾸는 다른 사람에게 줄 수도 있다.

화분에서 식물을 꺼낼 때 뿌리들을 쳐줄 수도 있는데, 1/3 이상 치지는 말도록 하라. 그런 다음 그 식물을 새로운 화분용 영양토를 담은 화분에 옮겨 심으면 된다.

붉은세덤 '트리칼라Tricolor'는 긴 가지들을 뻗고, 그 가지에서 뿌리가 나, 서서히 나눠 심는 게 가능한 새로운 식물로 자라난다.

필요하다면 가지를 쳐주어라

미니어처 정원을 가꾸다 보면, 식물들의 가지를 쳐주고 싶다는 충동에 사로잡히게 되는 경우가 많다. 심지어 햇빛이 화창한 여름날 아침 여기저기 가지치기를 해주는 것을 지상낙원의 일처럼 여기는 사람들도 있다. 그러나 미니어처 정원의 경우, 가지치기를 하면 식물들이 더 빨리 잘 자라게 되므로, 자주 해서는 안 되며 어쩌다 한 번씩 해주어야 한다.

가지치기의 빈도와 형태는 기르는 식물에 따라 달라질 수 있지만, 몇 가지 일반적인 원칙들은 있다. 어떤 식물이든 죽은 가지, 죽어가는 가지, 부러진 가지, 서로 부딪히거나 엇갈린 가지 등은 쳐주어야 한다. 그리고 거의 모든 식물의 경우, 가지치기는 봄에 새싹들이 돋아난 이후나 개화를 마친 이후에 해준다. 다년생 식물의 경우, 다시 꽃을 피우게 하기 위해 씨를 뿌리기 전에 시든 꽃들을 따내는 작업을 해준다. 또한 만일 어떤 식물이 가지를 왕성하게 뻗는다면, 그러니까 성장이 줄기 위쪽에 집중된다면, 그리고 지피 식물이나 다년생 식물의 아래쪽에 새로운 싹들이 나는 게 보인다면, 그 새로운 싹들 바로 위의 가지들을 쳐주어야 한다. 그래야 그 식물의 에너지가 새로 자라는 싹들 부분으로 모아질 수 있다.

어떤 식물이 현재 모습을 그대로 유지하게 하려면 또 그 가지들이 당신이 원하는 대로 뻗게 하려면, 일련의 잎들 바로 위를 가지치기하고 식물의 1/3 이상을 쳐내지 않아야 다시 자라날 수 있다. 한 번에 가지치기를 너무 많이 하면 죽어버릴 수도 있는 것이다.

미니어처 식물들은 현재 모양과
상태를 유지하기 위해 꼭 필요한
경우에만 가지치기를 해주어야 한다.

실외 정원에는 언제 식물을 심어야 하나

실내 화분에 식물을 심는 것은 언제든 상관없다. 그러나 실외에 식물을 심을 때는 좀 더 치밀한 계획과 주의가 필요하다.

외부 화단 땅에 직접 식물을 심을 때는 가을에 심는 게 가장 좋다. 새로 심은 미니어처 식물들이 가을 비를 맞아 물을 충분히 흡수하게 되고, 겨울이 오면 정원 내 다른 큰 식물들과 함께 휴면 상태에 들어갈 것이기 때문이다. 그러다 봄이 올 때쯤이면 뿌리가 굳건히 자리를 잡게 될 것이다. 새로 식물을 심은 첫 해 여름에는 필요한 물을 충분히 흡수할 수 있게 잘 보살펴주어야 한다. 2년째 여름이 되면, 식물들이 완전히 자리를 잡아 극심한 가뭄 때가 아니면 물을 주지 않아도 된다.

당신이 만일 온대 지역에 살아 땅이 얼지 않는다면, 겨울에 식물을 심어도 좋다. 또 만일 날씨가 계속 너무 습했다면, 흙이 조금 마를 때까지 식물 심는 일을 미루도록 하라. 흙이 흥건히 젖은 상태에서 미니어처 식물들을 심으면 제대로 잘 자랄 수도 없고 흙 속에 필요한 공기층도 모두 다 사라지게 된다.

봄비는 새로 옮겨 심은 식물들에 영양분을 주기 때문에, 봄 역시 식물을 심기에 좋은 계절이다. 이때도 역시 흙이 흥건히 젖은 상태라면, 식물을 심기 전에 먼저 흙을 좀 말려야 한다. 또 만일 땅이 얼어 있는 상태라면, 완전히 녹을 때까지 기다려야 한다. 봄이라도 너무 건조한 상태라면 물을 주어야 할 것이다. 일반적으로 식물들이 완전히 자리를 잡기까지는 한두 계절이 걸리므로, 첫 해 여름에는 미니어처 정원에 세심한 관심을 기울여야 할 것이다. 식물을 심기 전에 흙에 퇴비나 초탄을 조금 섞어야 할 수도 있는데, 그럴 경우 흙이 습기를 머금게 된다.

보다 온화한 지역에서라면 여름에 식물을 심을 수도 있지만, 보다 더운 지역에서 실외 정원 땅에 직접 식물을 심기에는 가을이 더 좋다. 너무 덥고 햇빛을 많이 받게 된다면, 식물들이 이식의 충격과 너무 뜨거운 날씨를 견뎌내지 못할 수도 있다. 뿌리도 아직 완전히 자리를 잡지 못한 상태이므로, 남은 여름 내내 주기적으로 물을 주어야 한다. 새로 심은 식물들이 너무 뜨거운 열기와 태양에 노출될 경우 햇빛을 가려주어야 한다. 커다란 골프 우산이나 정원 우산을 활용하면 아주 효과가 있다. 아예 우산 끝을 바닥에 박을 수도 있고, 아니면 텐트용 말뚝과 밧줄을 이용해 우산을 고정시킬 수도 있다.

나무들은 특히 이식 충격과 날씨 조건 등에 취약하므로, 가능하다면 가을이나 여름에 심는 것이 좋다. 만일 나무를 꼭 여름에 심어야 할 경우라면, 특별히 신경을 써주어야 잘 자랄 것이다. 나무를 심기 위해 땅에 구멍을 판 뒤, 물을 가득 주고 완전히 다 빠져나갈 때까지 기다려라. 조금씩 흘러나오는 비료를 조금 주면 식물이 더 잘 자랄 것이다. 한 손으로 식물을 잡아 구멍 속에 넣고 살짝 든 상태에서 다른 손을 사용해 파놓았던 흙을 다시 뿌리 주변 구멍 속으로 퍼넣는다. 손가락들을 쫙 펴서 구멍 속에 살살 흙을 밀어넣어, 식물 뿌리가 새로운 흙 속에 잘 파고들 수 있도록 해준다. 물을 흠뻑 그리고 깊이 준다. 물이 졸졸 흐르게 수도를 살짝 틀고, 그 상태에서 호스 끝을 새로 심은 나무 밑둥에 대놓고 몇 분에서 반시간 정도까지 물이 흙 속에 충분히 스며 들게 한다.

관목을 나무처럼 보이게 하려면,
가장 아래쪽 가지들을 쳐내 몸통과
그 위쪽 가지들이 더 많이 보이게
하면 된다.

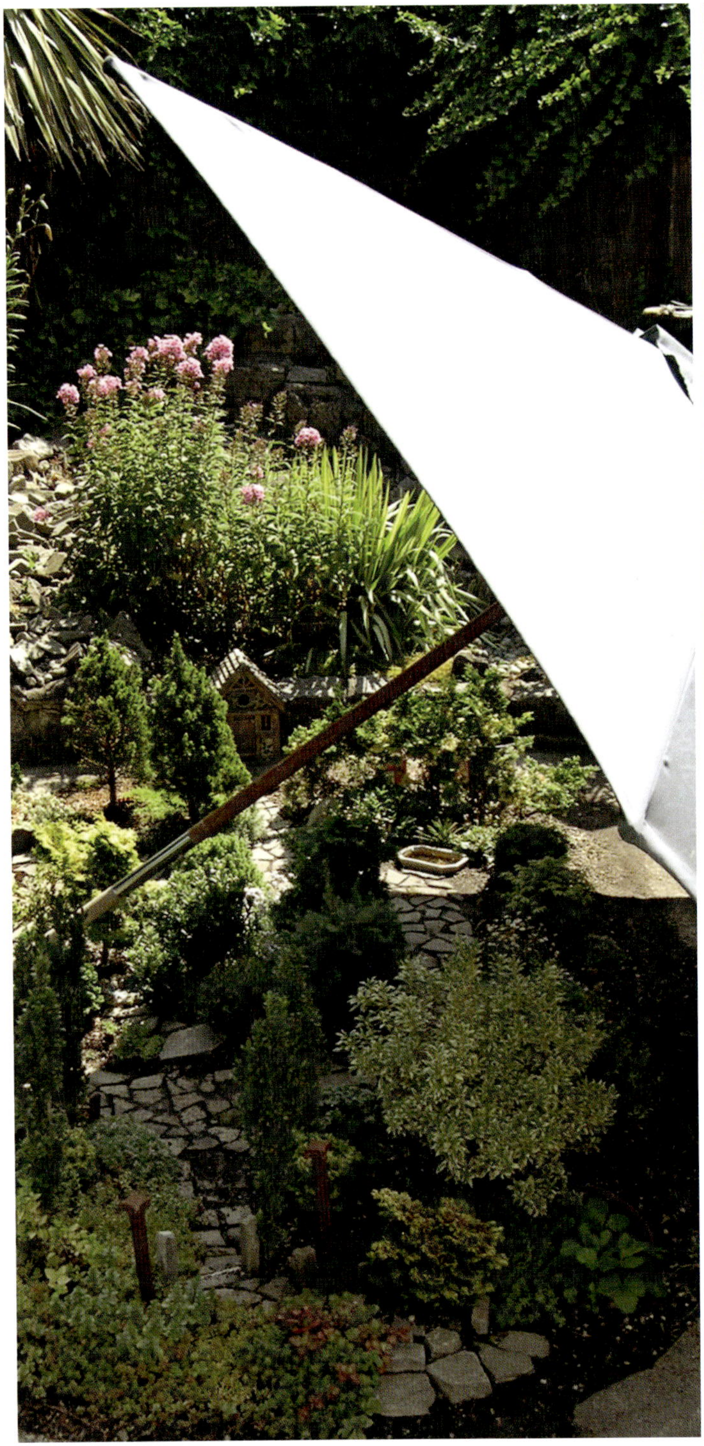

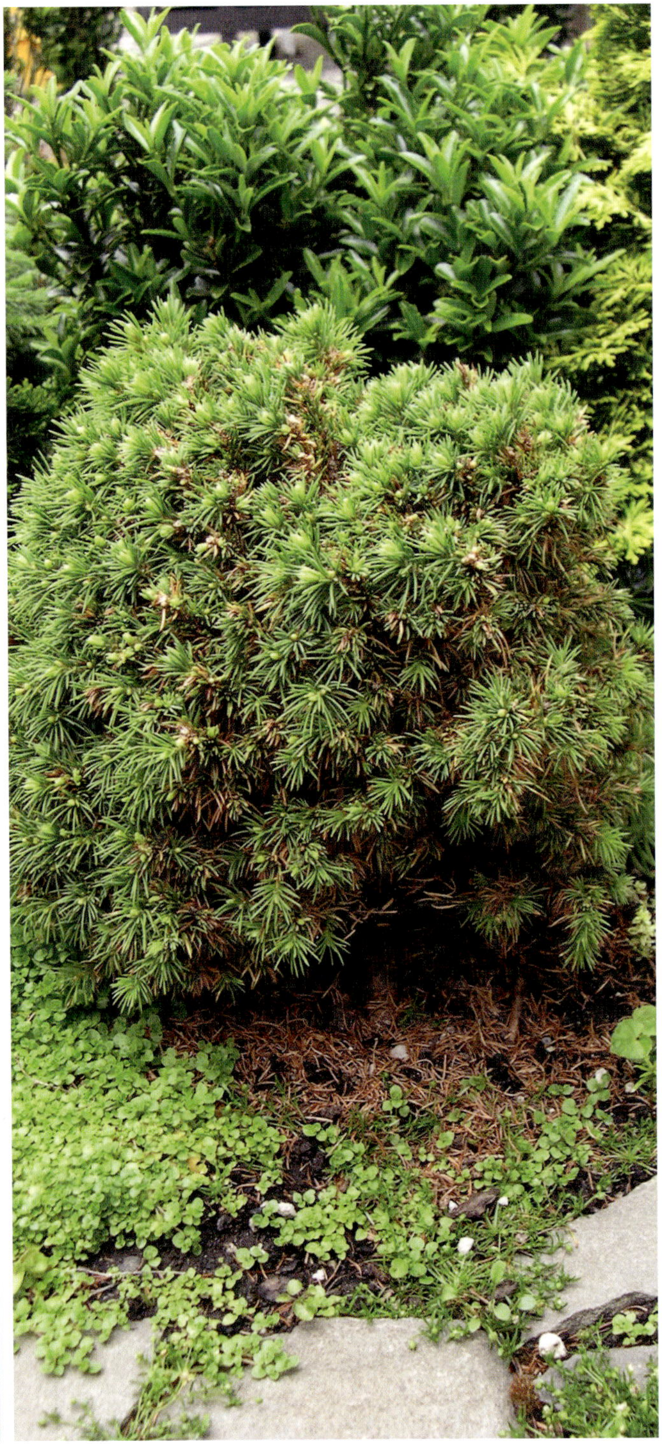

침엽수의
잎마름 증상

상록수가 다 그렇지만, 침엽수들 역시 1년 내내 잎들이 진다. 이처럼 침엽수 잎이 지는 것을 잎마름 증상이라 한다. 많은 난쟁이 침엽수들은 가지 위에 죽은 잎들을 얹고 있으며, 그 때문에 햇빛과 공기가 나무 중앙부까지 가지 못한다. 일부 기르기 까다로운 침엽수의 경우 이는 특히 문제가 될 수 있으며, 죽은 잎들을 치워주지 않을 경우 가지들이 하나하나 고사해 결국 나무 전체가 죽게 된다.

당신의 침엽수가 잎마름 증상이 있는지를 확인하려면, 나뭇가지들을 젖히고 나무 중앙을 들여다보면 된다. (이때는 장갑을 끼는 것이 좋다.) 나뭇가지들 사이로 손을 넣어 나무 중심부까지 뻗은 뒤 죽은 잎들이 있으면 전부 훑어내려라. 정원용 쇠스랑을 갈퀴처럼 이용하면 죽은 잎들을 털어내기 쉽다. 적어도 1년 정도 지난 미니어처 화분의 경우라면, 화분 전체를 한쪽으로 살짝 기울인 뒤 죽은 잎들을 털어내면 된다. 천천히 흘러나오는 비료를 화분 위쪽에서 주고 화분 바깥쪽을 젖은 천으로 깨끗이 닦아내면, 당신의 미니어처 정원은 이제 여름 맞이 준비가 끝난 것이다.

매 계절마다 침엽수 잎마름 증상을 체크하라. 일부 미니어처 침엽수와 난쟁이 침엽수는 가을 중순부터 여름 후반까지 잎이 지기도 한다. 만일 일찍부터 자주 체크한다면, 죽은 잎 털어내는 일을 더 쉽게 할 수 있게 될 것이다.

왼쪽.
새로 심은 식물들의 경우, 햇빛이 너무 따가운 시기에는 정원 우산이나 골프 우산을 이용해 그늘을 드리워주는 것이 큰 도움이 된다.

오른쪽.
침엽수의 경우, 잎마름 증상이 있으면 빛과 공기가 차단될 수 있으니 평소에 잘 체크하도록 하라.

왼쪽.
자주빛의 꽃이 피는
이 아르메리아sea thrift는 봄에
심었는데 여름에 벌써 꽃을
피우고 있다.

오른쪽.
실외 화분 미니어처 정원의
경우에는, 식물을 언제
심어도 좋다.

화분 미니어처 정원의 미래

당신이 점점 이 미니어처 정원 가꾸기라는 멋진 취미에 빠져드는 사이에, 나무들은 서서히 커가고 지피 식물들은 번성할 것이며, 그러면서 당신의 미니어처 정원이 점점 더 매력적으로 변해가는 걸 보게 될 것이다. 그렇게 여러 해가 지나면, 이제 당신의 미니어처 정원이 오랜 친구처럼 느껴지게 된다.

그러나 어떤 나무가 정원 스케일에 비해 너무 커져 뽑아내야 할 수도 있고, 화분의 토양층을 개선해주어야 할 수도 있으며, 아니면 미니어처 정원에 변화를 주어야 할 필요성을 느끼게 될 수도 있다. 그런 경우 당신은 미니어처 정원을 화분에 그대로 둔 채 필요한 손질을 하고 싶을 수도 있고, 나무를 화단 정원 땅에 옮겨 심고 싶을 수도 있으며, 완전히 새로운 미니어처 정원을 따로 더 만들고 싶을 수도 있다. 가장 중요한 것은 이제 당신 자신의 세계를 만들고 가꾸는 방법을 터득했기 때문에, 선택할 수 있는 옵션이 아주 많다는 것이다.

어떤 미니어처 정원들의 경우, 제대로 자라 완전한 매력을 발산하는 데 몇십 년이 걸리기도 한다.

어떤 미니어처 나무가 화분 크기에 비해 너무 커졌을 때에는
실외 화단의 적당한 장소에 옮겨 심도록 하라.

당신의 미니어처 정원에 마법과 같은 매력을
더하고 싶다면 요정의 집을 만들어라.

추천 도서들

미니어처 정원을 향해 떠나는 당신의 멋진 모험을 돕기 위해 관련 도서를 몇 권 소개하고자 한다. 내가 이 책들을 왜 좋아하는지도 간단히 밝혔다.

애쉬베리, 앤Ashberry Anne. 1951년. ≪미니어처 정원들Miniature Gardens≫. 런던: C. 아서 피어슨 출판사C. Arthur Pearson, Limited. 미니어처 정원 가꾸기를 집중적으로 다룬 몇 안 되는 책들 중 하나이다. 각종 식물들에 대한 정보가 가득 들어 있다. 앤은 미니어처 정원 골수 팬들이 관심을 가질 만한 미니어처 식물들에 대한 다른 책들도 여러 권 냈다.

블룸, 아드리안Bloom, Adrian. 2002년. ≪침엽수들 가꾸기Gardening With Conifers≫. 리치몬드 힐/버팔로: 파이어플라이 북스Richmond Hill/Buffalo: Firefly Books. 침엽수에 대해 개괄하는 아주 괜찮은 책으로, 우리가 미니어처 정원에서 기르고 싶어하는 미니어처 침엽수와 난쟁이 침엽수들을 두루 다루고 있다. 각 침엽수가 다 자랐을 때 그 키가 어느 정도 되는지도 잘 나와 있다.

브릭켈, 크리스토퍼와 H. 마크 케세이Brickell, Christopher and H. Marc Cathey. 2004년. ≪정원 식물들에 대한 미국 원예 학회 A-Z 백과사전The American Horticultural Society A-Z Encyclopedia of Garden Plants≫. 뉴욕: DK 출판사DK Publishing. 없어선 안 될 정원 식물들에 대한 참고 도서로, 미국 남부 지역과 보다 따뜻한 지역에서 유용하게 쓸 수 있는 10개 지역의 정보도 담겨 있다.

콘스타블, 존Constable, John. 1984년. ≪미니어처 풍경들Landscapes in Miniature≫. 런던: 루터워스 프레스Lutterworth Press와 셸던 프레스Sheldon Press. 아주 상세한 실전 중심의 책. 일반 정원사들보다는 미니어처 정원사들이 더 관심을 가질 만한 책이다.

에드워즈 포크너, 로렌Edwards Forkner, Lorene. 2011년. ≪손으로 만드는 정원 프로젝트들Handmade Garden Projects≫. 포틀랜드: 팀버 프레스Timber Press. 로렌은 이 책에서 꺾꽂이용 회양목들을 가지고 당신 자신의 미니어처 장식 정원을 만드는 방법을 보여주고 있다.

핀챔, 로버트LFincham, Robert L. 2011년. ≪조그만 정원들을 위한 조그만 침엽수들Small Conifers for Small Gardens≫. 이튼빌: 코에노시엄 프레스Eatonville: Coenosium Press. 침엽수 애호가들이 좋아할 만한 흥미로운 책으로, 로버트는 이 책에 각 침엽수에 관한 간단한 역사도 소개하고 있다.

그레이, 프리다Gray, Freida. 1999년. ≪미니어처 정원 만들기 Making Miniature Gardens≫. 이스트 서섹스: 길드 오브 마스터 크래프츠맨 퍼블리케이션스East Sussen: Guild of Master Craftsman Publications Ltd. 인공적인 미니어처 정원 만들기에 초점을 맞춘 책으로, 여기 소개된 일부 실전 사례들은 기존의 미니어처 정원에 그대로 적용할 수 있다.

헤사욘. D.G. 박사Hesaayon, Dr. D.G. 2002년. ≪실내용 화초 전문가The Houseplant Expert≫. 뉴욕: 엑스퍼트 북스Expert Books. 실내 식물들에 대한 아주 뛰어난 참고 도서.

무리, 테레사Moorey, Teresa. 2008년. ≪요정 바이블: 요정의 세계에 대한 최종 가이드북The Fairy Bible: the Definitive Guide to the World of Fairies≫. 뉴욕: 스털링 출판사Sterling Publishing Company. 요정과 관련된 모든 것을 다룬 아주 깜찍하면서도 완벽한 참고 도서이다.

셴크, 조지Schenk, George. 2006년. ≪인도와 식탁 그리고 딱딱한 표면 위의 정원 가꾸기Gardening on Pavement, Tables, and Hard Surfaces≫. 포틀랜드: 팀버 프레스Timber Press. 기막힌 아이디어로 가득한 재미있는 책. 당신은 이 책을 통해 식물 뿌리가 뻗어나갈 공간이 생각보다 넓지 않아도 된다는 것을 알게 될 것이다.

타지마, 리사Tajima, Lisa. 2004년. ≪대중 분재Pop Bonsai≫. 뉴욕: 고단샤 인터내셔널Kodansha International. 아주 흥미로운 책으로, 당신은 이 책 덕에 조그만 식물들로 훨씬 더 창의적인 일들을 할 수 있게 될 것이다.

단위 환산표

인치	센티미터
¼	0.6
½	1.3
¾	1.9
1	2.5
2	5.1
3	7.6
4	10
5	13
6	15
7	18
8	20
9	23
10	25

피트	미터
1	0.3
2	0.6
3	0.9
4	1.2
5	1.5
6	1.8
7	2.1
8	2.4
9	2.7
10	3
20	6
30	9
40	12

기온

섭씨(C) = $\frac{5}{9}$ × (F − 32)

화씨(F) = ($\frac{9}{5}$ × C) + 32

액체 용량 단위

1 온스	30mL
4 온스	125mL
8 온스	250mL
12 온스	375mL
16 온스	500mL
1 파인트	500mL
1 쿼트	1L
1 갤런	4L

감사의 글

내가 천직으로 생각하고 있는 이 길은, 사실 많은 사람들에 의해 다니기 좋게 포장되었습니다. 그동안 이 길을 걸어오면서 나는 또 많은 사람들로부터 이런저런 도움도 받았어요.

내 여행을 시작하면서 제일 먼저 감사드리고 싶었던 사람은 베드락 인더스트리스의 마리아 루아노입니다. 그녀 덕에 아주 오래전 정원의 세계에 관심을 갖게 되었는데, 사실 그것이 이 긴 여행의 출발점이 되었습니다.

미니어처에 대한 내 열정을 끊임없이 인정하고 지지해준 시애틀 돌하우스 미니어처 쇼의 크리스틴 힐에게도 감사의 말을 전하고 싶어요. 어떤 일이든 누군가가 이렇게 많이 지지해주고 인정해주면 그 일에 매진하지 않을 사람은 없을 거예요.

지금은 고인이 된 돌리스 돌하우스의 조이스 클리퍼드에게도 때늦은 감사의 말을 전합니다. 그녀 덕에 난 내 사업을 시작할 수 있었어요. 내가 온라인 매장을 통해 전 세계의 모든 사람과 미니어처의 기쁨을 나눠 갖게 된 것도 다 그녀 덕입니다.

이셀리 묘목장의 캐럴 네링에게도 진심 어린 고마움을 전하고 싶어요. 당신은 나를 늘 감싸주었고, 대규모 사업을 할 때에도 내가 온갖 작은 나무들을 주문하고 시시콜콜한 요청을 해도 다 들어주었죠. 당신이 없었다면 난 아무것도 할 수 없었을 거예요.

바바라 피터맨에게도 감사드려요. 당신의 도움과 전문가다운 조언이 없었다면, 이 책은 지금도 내 선반 위에서 원고 상태로 뒹굴고 있었을 겁니다. 워낙 사려 깊고 섬세하게 집필 방향을 잡아주어, 몇 개월이 지난 뒤에야 비로소 당신이 그렇게 큰일을 해주었다는 걸 깨달았을 정도예요.

이 책을 만들기 위해 한동안 잠적하다시피 할 수밖에 없었던 나를 이해해준 내 친구와 가족 모두에게도 정말 큰 고마움을 전하고 싶습니다. 그리고 엄마, 언제나 그랬듯 끊임없이 나를 지지해준 점 정말 감사해요. 전문가다운 눈으로 이 책에 쓰인 글자 하나하나를 다 두 번이나 꼼꼼히 읽어봐주셨죠.

내 사랑하는 남편 스티브에게 얼마나 큰 고마움을 느끼고 있는지, 그건 사전에 있는 말들로도 표현할 길이 없습니다. 내가 하는 일에 관심을 갖고 매사에 발 벗고 나서 도와주어 너무 고마워요. 내가 일에 쫓겨 밖으로 나도는 동안 집안일을 도맡아 하고 온라인 매장 운영까지 해주는 등, 그야말로 모든 걸 책임져주었죠. 게다가 가장 열렬한 내 팬이 되어주었고요. 당신은 아주 든든한 바위예요.

가장 큰 고마움은 전 세계의 내 동료 미니어처 정원사들에게 보내고 싶습니다. 일이 잘 안 풀려 모든 걸 포기하고 싶을 때마다, 여러분은 내게 영감을 주어서 고맙다며 이메일이나 전화 또는 카드를 보내주었습니다. 그때마다 난 긍정적인 에너지와 용기를 받아 마음을 다잡고 다시 작업에 몰두할 수 있었어요. 이 책은 바로 여러분들에게 바치는 책입니다.

재닛 칼보 Janit Calvo

사진 저작권

8-9, 11, 14, 15, 17, 20-21, 23, 31, 33, 38, 39, 40, 41, 43, 44, 45, 46 오른쪽, 48-49, 50, 53, 54, 57 오른쪽, 58, 59, 60, 61, 63, 64-65, 66-67, 69, 70-71, 72, 77, 80-81, 83, 84-85, 88, 89, 91 오른쪽, 93, 95, 96, 102-103, 104, 105 왼쪽, 108-109, 111, 112, 113, 115, 120, 121, 123, 125, 126, 128 왼쪽, 130, 133, 134, 135, 137, 138-139, 142, 144, 146-147, 149, 150, 153, 154-155, 160, 161, 162, 163, 164, 165, 166, 168-169, 170, 172-219, 220-221, 223, 224-225, 227, 230-231, 234-235, 241, 242-243, 245쪽의 사진 저작권은 케이트 볼드윈Kate Baldwin에게 있습니다.

그 외의 사진 저작권은 재닛 칼보에게 있습니다.

지은이

재닛 칼보 Janit Calvo

재닛 칼보는 미니어처 전문가이자 정원사이자 기업가로, 놀라운 창의성으로 미니어처 세계에 생명력을 불어넣고 있다. 그녀가 만든 첫 미니어처 정원은 조그마한 무대 배경용 정원이었는데, 그 정원의 식물들은 서로 어우러져 여러 해 동안 잘 자랐다. 의외로 생명력이 강하고 관리도 쉬운 미니어처 정원의 매력에 빠진 재닛은 2001년에 투 그린 섬스 미니어처 가든 센터Two Green Thumbs Miniature Garden Center를 열었다. 그녀는 현재 미국 워싱턴 주 시애틀에서 실물 크기의 집과 정원에서 남편과 함께 살고 있다. 재닛은 여러 정원 및 미니어처 쇼에 작품을 내 많은 상을 받았고, 그녀의 미니어처 정원들은 〈시애틀 타임스〉, 〈디그 매거진〉, 〈돌하우스 미니어처 매거진〉 등에 게재됐다.

TwoGreenThumbs.com
minigardener.wordpress.com

옮긴이

엄성수

경희대 영문과 졸업 후 집필 활동을 하고 있으며 다년간 출판사에서 편집자로 근무하였다. 번역 에이전시 엔터스코리아에서 출판 기획 및 전문 번역가로 활동하고 있다.

주요 역서로는 ≪나는 오늘부터 나를 믿기로 했다≫, ≪필 잭슨의 일레븐 링즈: 승리를 만드는 영혼의 리더십≫, ≪본질에서 답을 찾아라: MIT대학의 18년 연구 끝에 나온 걸작 'U 프로세스'≫, ≪제라드 누스의 축구 워밍업≫ 등 다수가 있으며, 저서로는 ≪기본을 다시 잡아주는 영문법 국민 교과서≫, ≪1분 영어 회화≫, ≪친절쟁이 영어 첫걸음≫, ≪초보탈출 독학 영어 첫걸음≫ 등이 있다.

나의 첫
미니어처 정원

1판 1쇄 인쇄 2016년 6월 21일
1판 1쇄 발행 2016년 6월 28일

지은이	재닛 칼보
옮긴이	엄성수
펴낸이	김기옥

실용본부장	박재성
편집	류인경, 이나리
영업	김선주
커뮤니케이션 플래너	손혜인
지원·제작	고광현, 김형식, 김주현
디자인	나은민

인쇄ⓒ·제본   (주)상지사 P&B

펴낸곳	한스미디어(한즈미디어(주))
주소	121-839 서울시 마포구 서교동 양화로 11길 13(서교동, 강원빌딩 5층)
전화	02-707-0337
팩스	02-707-0198
홈페이지	www.hansmedia.com

출판신고번호 제313-2003-227호, 신고일자 2003년 6월 25일

책값은 뒤표지에 있습니다.
잘못 만들어진 책은 구입하신 서점에서 교환해 드립니다.